朝に効くスープ
夜に効くスープ

浜内千波

日本文芸社

まえがきにかえて

スープの魅力

わたしたちが食事をする際に欠かせないものがあります。それは「水もの」です。ふっくらと炊けたごはんや香ばしく焼けたパンなどの主食は、それ自体おいしいものです。しかし、そこに温かく素材の香りや味を生かしたみそ汁やスープが添えられると、よりいっそうおいしく味わえます。みそ汁は立派なジャパニーズスープです。それと同じように、どこの国の食事にも汁気のあるスープもしくはそれに準ずる「水もの」があります。

自分の体を守るには、普段の食事がとてもたいせつです。スープのよい点は、素材のもつ栄養や成分を余すことなく吸収できるところでしょう。小さな子どもからお年寄りまで、幅広い年代に合わせた調理が可能であることも、ほかの調理法にはない大きな特徴です。

そうしたスープのメリットを生かし、かつ現在のわたしたちの生活のリズムに合わせて活用できるように「朝に効くスープ、夜に効くスープ」を考えてみました。スープというと、とかく時間をかけてコトコトと煮るイメージが強くあります。しかし、時間がかかってしまっては、実用性が乏しくて実践的ではありません。時間短縮で簡単に作れ、なおかつ求めている栄養をしっかりとれる「カラダに効くスープ」を紹介しました。

やる気をおこさせたり、高血圧を抑えたり、それぞれに目的をもたせてありますが、すぐ手に入る材料を使い、短い時間で手早く作るものばかりです。ご自分の体調に合ったスープを選び、今日から実践してみてください。体調が変わってくると、きっと楽しくなります。

浜内千波

目次

まえがきにかえて　　3
魅力いっぱい 朝に効くスープ 夜に効くスープ　　9
新・スープの法則　　13

1 quick soup　朝だからこそ お湯を注ぐだけ クイックスープ

朝の目覚めすっきり	卵と梅干しのスープ	18
カラダを温める	しょうがとにらのスープ	20
胃を活発にする	長いもと納豆のスープ	22
ダイエットに効く	わかめととろろ昆布のスープ	24
みそ汁で元気に	自家製みそ玉のスープ	26

2 morning soup　朝からカラダを思いやる 目覚めのスープ

野菜たっぷりさわやか風味と歯ざわりを　　32
緑黄色野菜と良質タンパク質でカラダしゃっきり　　34
きのことトマトに卵を加え、弱りぎみの肝機能を活発に　　36
腹もちがいい上に、ダイエット効果もあるじゃがいものポタージュ　　38
二日酔いの朝に効く しじみのみそスープ　　40
朝食はこれだけで OK バランスのいいごはんスープ　　42
一日のはじめに、やる気を出させてくれるハムエッグのパンスープ　　44
腹もちのよいさけとブロッコリーのごはんスープ　　46
腹もちがよく、血液サラサラも期待 マカロニ入りのパスタスープ　　48
元気いっぱい、カレースープ　　50

米でんぷんのビーフンを使って	ローカロリーなエスニック風	52
腹もちがよく、生活習慣病予防に効果	大豆のポタージュ	54

3 evening soup　夜スープこそ 健康スープ

食物繊維をとりたいときに	乾物3種のとろとろみそスープ	60
免疫力を高めたいときに	野菜たっぷりキムチスープ	62
デトックスしたいときに	ローカロリーカレースープ	64
安眠を得たいときに	えびとほたて貝のクリームスープ	66
気力がないときに	豚肉とねぎのカレースープ	68
むくみを和らげたいときに	カリフラワーと里いもの豆乳スープ	70
風邪ぎみのときに	ビタミンたっぷり野菜スープ	72
暑気払いしたいときに	鶏肉と夏野菜のカレースープ	74
食欲を抑えたいときに	じゃがいもとバナナのスープ	76
体を冷やしたいときに その1	スイカとトマトの冷たいスープ	78
体を冷やしたいときに その2	冷え冷えグリーンスープ	80

4 base+α soup　夜のスープは手間をかけない ベースの野菜スープ +αスープ

ベースの野菜	86
1にんじん　2キャベツ　3玉ねぎ　4しめじ（ぶなしめじ）	
1週間分の野菜スープを作る	94

ベースの野菜スープに効能をプラス		97
＋鶏手羽肉	お肌をきれいにする	98
＋牛ひき肉	血液増加で元気いっぱい	100
＋豚ロース肉	疲労回復に効果的	102
＋鶏ささ身	ダイエット効果の期待大	104
＋えび・あさり	老化防止にお勧め	106
＋豆腐	タンパク質を大豆加工品でプラス	108
＋卵	栄養がバランスよくとれる	110
＋さけ	色素から健康をもらう	112
＋ベーコン	香りづけと調味に力を発揮	114
＋たら	低脂肪・ローカロリーが特徴	116
＋たこ・いか	タウリンがたっぷりとれる	118
＋ミックスビーンズ	コレステロールを減らす	120

カラダを変える 続けるスープ

冷え性改善	しょうがとねぎのくず湯風スープ	126
便秘解消	豆とわかめの豆乳スープ	128
美肌を保つ	ビタミンスープ	130
血液をサラサラに保つ	炒め玉ねぎと皮の煎じスープ	132
老化防止	アンチエイジングに効くお茶スープ	134
デトックス	緑黄色野菜入りアボカドスープ	136
骨粗しょう症予防	カルシウムたっぷり牛乳スープ	138
貧血改善	鉄分をしっかりとる和風スープ	140
のどを強くする	根菜のすり流しスープ	142
糖尿病予防	じゃがいものスープ	144
高コレステロール予防	血液をきれいにするみそスープ	146
高血圧抑制	長いもときのこのスープ	148
更年期障害改善	血行をよくする豆のスープ	150

スープの味をバラエティ豊かにする調味料	152
素材別索引	156

コラム

味をつけたら、かならず味見	28
熱に強い野菜と熱に弱い野菜	56
豆乳、牛乳、しょうゆを加えるタイミング	82
ファイトケミカルとデザイナーズフード	122

本書を使う際の注意点

▶ 本書で紹介しているスープの分量は、
　1杯1人分を基準にしていますが、作りやすい分量を優先させました。

▶ レシピに出てくる分量は、1カップ＝200㎖、大さじ1＝15㎖、
　小さじ1＝5㎖です。1㎖＝1ccです。

▶ 第4章の主な食品成分は「五訂増補日本食品標準成分表」に
　基づいてまとめてあります。

▶ 単位と記号
　mg（ミリグラム）は1000分の1グラム。
　μg（マイクログラム）は1000分の1ミリグラム。

▶ 本書は医学書ではありません。
　疾患について自覚症状がある方は、専門の医療機関にご相談ください。

魅力いっぱい
朝に効くスープ
夜に効くスープ
体質改善スープ

体調に合わせて作った食事を、朝・昼・晩と一日に3回しっかりとれればいうことはありません。しかし、外食が多くなりがちな昼食は、どうしてもごはんやパン、それに揚げものが主になりがち。栄養面からみると、炭水化物と油ものが多くなってしまいますが、それでよしとして、食事を楽しみましょう。そして、朝と晩の食事に栄養バランスのとれたスープをしっかり食べる。これを習慣づければ、五大栄養素をはじめ、食物繊維もファイトケミカルも確実に補えます。

スープは食べるときに体への負担が少なく、消化吸収が容易な食べものです。体調に合せた朝に効くスープと夜に効くスープをコンスタントにとれば、体質が改善していくに違いありません。

○○ 朝に効くスープ

朝のスープは、すみやかに体の機能を目覚めさせ、活動するのに必要なエネルギーを補充できることが一番の狙いです。そして、短時間に作れることもたいせつです。

朝のスープは時短で簡単に

材料を器に入れ、あとは沸いたお湯を注ぐだけ。時間に少しゆとりがあるときも、材料を鍋に入れて火を通せばでき上がり。1・2の2ステップで、すぐ食べられるように提案しました。

体を目覚めさせるスターター

朝は早く体の機能を目覚めさせたい、と願うのは誰も同じ。寒いときにはしょうがやとうがらしを、暑いときには体を冷やすトマトやきゅうりなどを用いたスープが、朝のスターターとしてとても効果的です。

昼間を支えるエネルギー源

昼間の時間を元気よく行動したいと思っても、体の動きが悪くてはどうしようもありません。そんなときに、活力をあたえてくれる、朝一杯のスープが効果発揮。残りごはんや手近な食材を活用して簡単に作れます。

夜に効くスープ

夜のごはんは気持ちをリラックスさせることもたいせつ。でも、作るのは手早いほうがいい。ベースの野菜スープを作りおきし、新しい食材をプラスするだけ、という方法はいかが。お好みの味が作れます。また、体質の改善をはかりたいなら、体質改善スープを食べて眠れば、きっとよい結果につながります。

作るのは短く、食べるのはゆったりと

スープをはじめ、汁気のあるものが食卓に並ぶと、気持ちがとても和やかになります。ほかの料理では味わえない、スープならではの特徴といってよいでしょう。スープにはリラックス効果があるので、夜のひと品として積極的にメニューに取り入れましょう。

スープだけでも十分満足

ごちそうのある晩ごはんが度重なると、健康にはよくありません。具だくさんの野菜スープで晩ごはんという日を設けてはいかがでしょう。栄養成分、食物繊維、ファイトケミカルをしっかりとった晩ごはんを食べれば、すっきりとした朝を迎えられるでしょう。

体調改善スープ

スープは液体の中で材料を加熱するため、材料の成分を無駄なく、体に吸収できます。ですから、体質の改善に効果のある材料を使ったスープを、時間を限定せずに食べ続ければ、体が変わっていくことでしょう。

新・スープの法則

栄養価を優先し、余分に煮込まない

スープというと、しっかりと煮込む料理というイメージが強くありませんか。たしかに、かたい野菜などは長い時間煮込んだほうがやわらかくなります。しかし、それだけ材料のもつ栄養価は失われてしまいます。それでは、意味がありません。煮込まずに短時間で作り、栄養価を優先させましょう。火の通りにくい材料は小さく切って使えば、ひと煮立ちさせるだけで十分火が通ります。このように調理すれば、栄養を保てておいしいスープが作れます。

野菜パワーをフルに生かす

わたしたちが一日にとらなければいけない野菜の量は、約350gといわれています。一食あたり約120gですが、野菜を主にしたスープで食べれば、軽くクリアできます。サラダには内側のやわらかい葉を使いたくなりますが、スープならば細かく刻んで煮るため、外葉や皮つきの状態でも使えます。栄養成分が皮のすぐ内側にある野菜も多いもの。外葉や芯を無駄にすることなく、栄養素やファイトケミカルをしっかりと体にとり入れましょう。

塩分は控えめに

塩分はわたしたちの体にとって欠かせないミネラルですが、とりすぎる傾向があります。一日の摂取量は小さじ1杯、わずか6g。肉や野菜などの食材自体にもナトリウムは含まれているので、体力を使う場合以外は普段の食事をしっかりとっていれば、まず不足することはありません。スープを作るときの味つけは、1杯あたり2gを目安にしましょう。もちろんそれ以下でもかまいません。味がもの足りないときには、ごまやのりなどのうまみの強い食材を使うと、薄味が気にならずおいしく食べられます。

ダイエット中の方は、野菜スープをメインに

スープには、肉、魚介、野菜など幅広い材料を使えますが、ここでは野菜を主に使い、肉や魚介はいわば副材として使うようにしました。また、ごはんやパンをいっしょに食べるときにも、野菜スープをメインにした献立にしましょう。そのようにすれば、無理なくカロリーを抑えることができます。極端な減量は健康によくありませんし、長続きしません。たっぷりの量を食べられるスープ主体の食事を習慣化すること。これが、カロリーコントロールを長続きさせる秘訣であり、確実に体質改善にもつながります。

旬の野菜をたっぷりととる

ハウス栽培などが盛んになったことから、野菜に旬がなくなったといわれます。しかし、太陽の光をたっぷりと浴びて育った、旬の露地野菜が一番おいしく、また滋味も栄養も多いものです。旬のときは収穫の最盛期でもあるので、価格も手ごろ。ですから、スープの材料も、特定な野菜にあまりこだわりすぎないようにして、栄養価の高い旬の野菜を上手に使うようにしましょう。

朝だからこそ　お湯を注ぐだけ
クイックスープ

朝はとかく時間に追われ、しかも
気ばかりが空回りしてしまいがち。
そんなときこそ、器に入れた材料に
熱いお湯を注ぐだけでOKの
クイックスープを知っているととても便利。
パパッと手早く作れますので、朝だけに限らず
時間のないときにも重宝することうけ合いです。

朝の目覚めすっきり
卵と梅干しのスープ

お湯を注ぐだけ

材料（1人分）
じゃこ ──── 大さじ1（2g）
卵 ──────── 1個
梅干し ──── 1個
塩 ──────── お好みで
お湯 ────── 1カップ

93 kcal

目覚めをよくするには、十分に睡眠をとって交感神経と副交感神経のバランスをとること。忙しいと交感神経が過敏になるため、副交感神経を補ってバランスをとらなければいけません。それを活発にさせるのが、タンパク質に含まれているアミノ酸。そこで、良質なタンパク質の卵とじゃこを使い、疲労回復やエネルギー源のクエン酸を含む梅干しを加えてお湯で溶きました。すっきりとした目覚めになることでしょう。

カラダを温める
しょうがとにらのスープ

材料（1人分）
にら（幅1cmに切る）————3本（20g）
ハム（1cmの角切り）————1枚（15g）
しょうが（皮ごとすりおろす）−1かけ（5g）
ねぎ（薄い小口切り）————長さ2〜3cm（10g）
焼きのり——お好みで
しょうゆ——小さじ2
お湯————1カップ

48 kcal

体の冷えは原因がはっきりしないことが多く、つらいもの。特に朝の、起き抜けがつらい。そんなときには、保温効果のあるしょうが、ねぎ、にらを用いたスープを飲んで元気をつけましょう。にらのにおいはしょうがや焼きのりの香りで打ち消されるので、朝でも心配なし。熱湯を注いで半生状態のにらはサクサクと歯ざわりがよくてとてもおいしく、体の芯から温まります。

胃を活発にする
長いもと納豆のスープ

お湯を注ぐだけ

材料（1人分）
長いも（すりおろす）── 50g
納豆 ──────── 1パック（40g）
　からし
　調味だれ
　※納豆についているもの

桜えび ──── 大さじ1〜2（2g）
塩 ────── 少々
お湯 ───── 1カップ

117 kcal

長いもや納豆のネバネバ、ヌルヌルはムチンといい、胃の粘膜を保護するはたらきがあります。さらに、長いもは消化酵素を豊富に含み、漢方では滋養強壮のもと。納豆の酵素のナットウキナーゼには血液をサラサラにするはたらきがあり、心筋梗塞や動脈硬化の予防を期待できます。この２つの酵素は熱に弱いのですが、お湯を注ぐだけのスープなので、酵素のはたらきもしっかりと生かせます。

ダイエットに効く
わかめととろろ昆布のスープ

材料（1人分）
わかめ（乾燥）——— 大さじ1（2g）
とろろ昆布 ——————— 5g
青のり ————————— 小さじ1（1g）
しょうゆ ——————— お好みで
お湯 ————————— 1カップ

11 kcal

わかめ、昆布、のりなどの海藻類はカリウムやカルシウムなどの無機質やビタミン類が多いことでよく知られていますが、β-カロテンや食物繊維もとても多い。アルギン酸にはコレステロールを下げる作用もあります。しかも、どれもローカロリー。満腹感も得られるので、ダイエットに最適。わかめと昆布が塩分を含んでいるので、しょうゆは香りづけ程度にします。

みそ汁で元気に
自家製みそ玉のスープ

お湯を注ぐだけ

材料（1人分）
ごま ──────────── 適量
しょうが（すりおろす）── 小さじ1/2（2g）
ねぎ（薄い小口切り）── 長さ1〜2cm（5g）
みそ ──────────── 5g
お湯 ──────────── 1カップ

15 kcal

朝、温かいみそ汁をすすると気持ちが和み、体の中から元気がわいてきます。でもみそ汁って、手間がかかって…という方にお勧めしたいのが、自家製のみそ玉。ねぎやしょうがなどの、お湯を注ぐだけで食べられる素材をみそといっしょに一杯分ずつラップで包んでおきます。これを冷蔵または冷凍で保存。飲みたいときに器にポンと入れ、あとは熱湯を注ぐだけ。即、みそ汁を味わえます。便利でしょう！

＊みそ玉の材料として、ほかに乾燥わかめ、かつお節、油揚げ、白菜などいろいろ使えます。

味をつけたら、かならず味見

　料理作りには、味見がたいせつです。味見をせずに、味の調和がとれたおいしい料理はできないといってもいいでしょう。

　同じ料理であっても、材料の質も違えば、季節も違います。さらには、誰が食べるのかによっても違ってきます。料理は、そうした条件をいろいろ組み合わせながら一つのかたちを作り出す作業です。レシピ通りに作っても、毎回味は微妙に違います。ですから、味を確認しなければいけないのです。

　食材は、出回る時期によってその質が異なります。たとえば、大根ひとつとっても、冬はみずみずしい上にうまみ成分が多くて甘いのですが、夏は筋っぽくて辛い、といった具合です。さらに、食べるときの体調により、同じ料理でも塩辛く感じるときもあれば、夏の暑い盛りなら塩気が足りないと思うかもしれません。

　レシピ通りでも、なかなかうまくいかないときもあります。そうしたいろいろな条件に合わせた臨機応変のプラスαが、料理作りには必要なのです。

　では、どうすればいいのか。

　簡単です。その答えが味見なのです。自分の舌で味が薄いか濃いか、おいしいか物足りないかをそのつど判断することです。そこでもし味が足りなければ、塩を加えればいいのか、それともほかの調味料を足せばいいのかを考えて微調整し、自分が満足のいく味に仕上げます。

　味をつけたら、まず味見。これを繰り返すことがたいせつです。まったくむずかしいことではありません。ただし、味見を繰り返すには数多く料理を作らなければなりません。そうするうちに徐々に自分の中に味加減の基準ができ、適切な味つけができているかどうかが自然とわかるようになります。

　そうなれば、しめたものです。レシピに首っ引きにならなくても、どのくらいの味つけにすればいいのかがわかってきます。そして、できた味がちょっとおかしくても、手直しすることも容易にできるようになるものです。

　味見をすることのたいせつさがおわかりいただけたのではないかと思います。ほかの料理と同様、スープも味見を欠かさないようにしましょう。

朝からカラダを思いやる
目覚めのスープ

朝だ！ さぁ、一日元気に！
でも、そういう日ばかりとは限りませんね。
仕事や飲み会などで前の晩が遅かったりすると
翌朝は起きてもまだカラダは目覚めてなくて…
という日も多いものです。
そんなブルーな朝には、気分を爽快にしてくれる
目覚めのスープをとることをお勧めします。
ひと煮立ちさせるだけで
ササッと手早く作れてカラダによいスープを食べ
今日を元気に、スタートさせましょう。

野菜たっぷり
さわやか風味と歯ざわりを

淡い緑色の葉野菜3種と赤い梅干しとを組み合わせました。目に涼しく、サクサクとした歯ざわりが心地よいスープです。カルシウムやカリウムなどもしっかりとれます。暑い夏には冷やして、味わってみてください。

材料（1人分）
キャベツ ──── 1枚（50g）
セロリ ──── 20g
水菜 ──── 1/2株（50g）
梅干し ──── 1個
水 ──── 1.5カップ
塩 ──── 少々

＊塩の分量は梅干しの塩味により、加減してください。

作り方
1 鍋に水を沸かし、キャベツとセロリのせん切り、ざく切りにした水菜、梅干しの果肉を入れ、中火で加熱する。
2 野菜が透明感をおび、歯ごたえが残る程度に火が通ったら、塩で味を調える。

緑黄色野菜と良質タンパク質でカラダしゃっきり

2 morning soup

76 kcal

緑黄色野菜の小松菜、にんじん、パプリカと良質なタンパク質の牛乳でヘルシーに。起き抜けのスープなので、牛乳だけでなく、水を加えて濃度を調節し、食べやすくしてあります。

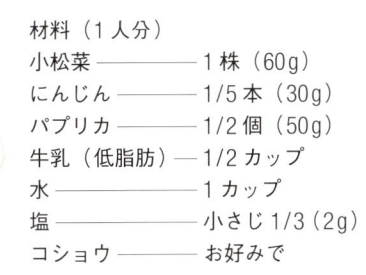

材料（1人分）
- 小松菜 —— 1株（60g）
- にんじん —— 1/5本（30g）
- パプリカ —— 1/2個（50g）
- 牛乳（低脂肪）—— 1/2カップ
- 水 —— 1カップ
- 塩 —— 小さじ1/3（2g）
- コショウ —— お好みで

作り方
1. 鍋ににんじんのせん切りと幅1cmの細切りにしたパプリカを入れ、水を加えて中火で加熱する。
2. 煮立ってきたらざく切りにした小松菜を加え、再度沸いたら牛乳を加える。野菜に火が通って全体に熱くなったら、塩、コショウで味を調える。

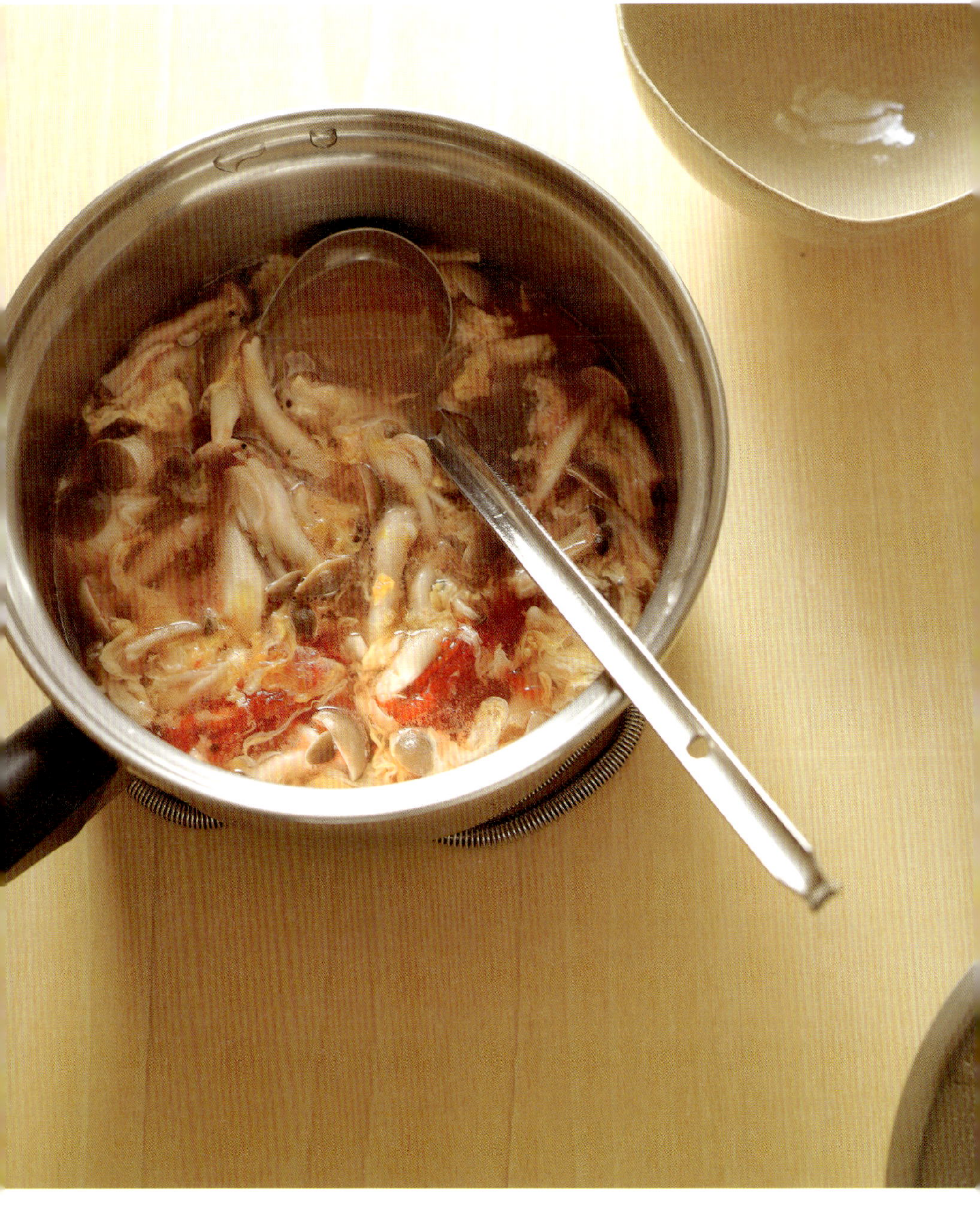

きのことトマトに卵を加え、
弱りぎみの肝機能を活発に

116 kcal

2 morning soup

少しとろみをつけた卵とじ風スープ。きのこは脂質や糖質の吸収を抑え、排出するはたらきのある食物繊維が豊富で、トマトはβ-カロテンやリコピンが豊富。この2つを良質なタンパク質の卵と組み合わせて、肝機能を活発化させましょう。

材料（1人分）
- しめじ ———— 1パック（100g）
- トマト（水煮）—— 50g
- 卵 —————— 1個
- 水 —————— 1.5カップ
- 塩 —————— 小さじ1/3（2g）
- コショウ ———— 少々
- 水溶き片栗粉 —— 大さじ1
（片栗粉と水を同量合わせたもの）

作り方
1 鍋に水、石づきを切り落としたしめじ、トマトを入れる。トマトをスプーンでつぶしながら中火で加熱し、塩、コショウで味を調える。
2 水溶き片栗粉を加えてとろみをつけたのち、溶き卵を全体に流し入れる。卵が浮いてきたら、火から下ろす。

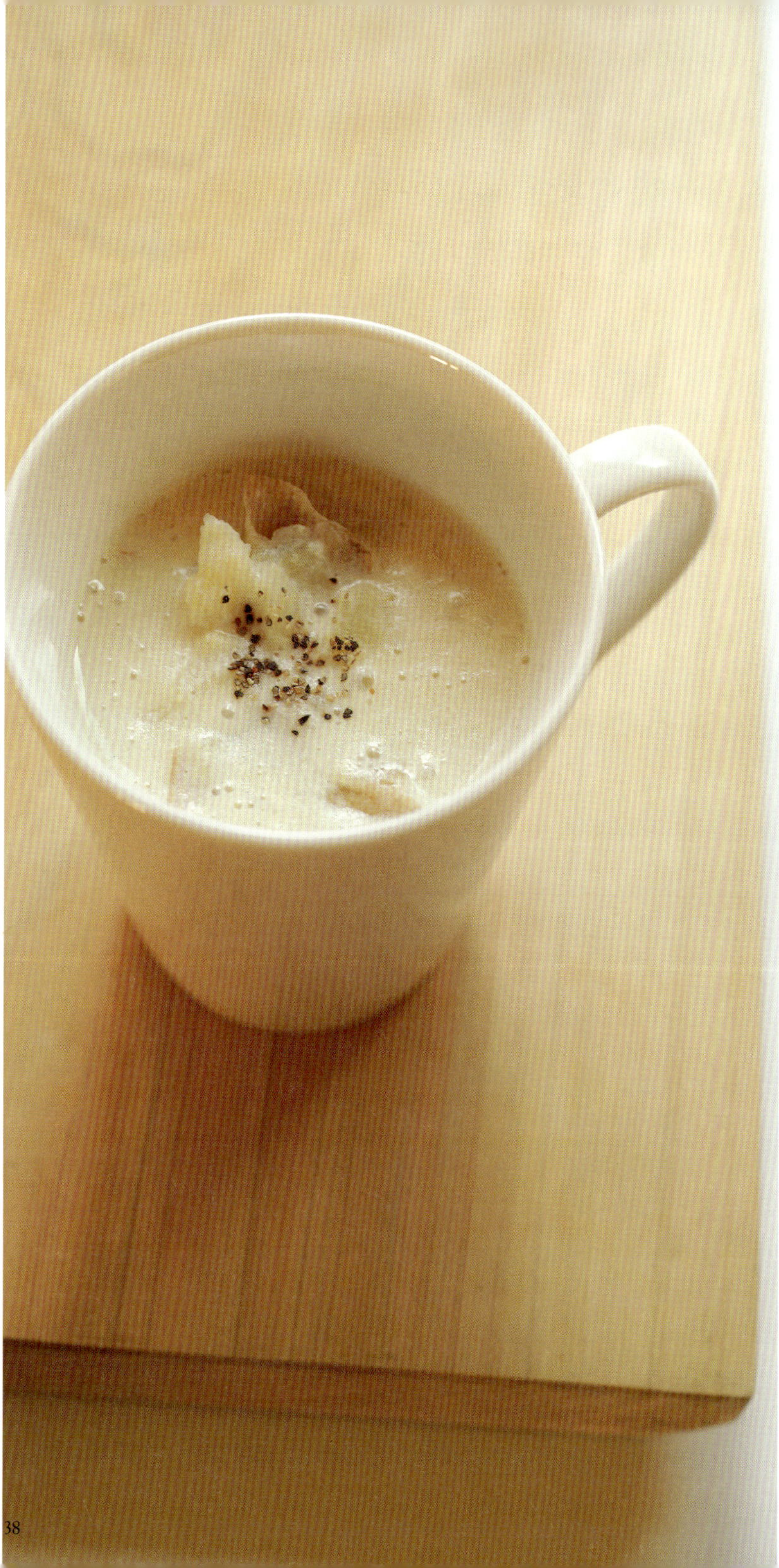

腹もちがいい上に、ダイエット効果もある じゃがいものポタージュ

2 morning soup

211 kcal

じゃがいもはビタミンCやカリウムに富み、脂質や糖質を燃焼させるオスモチンも含みます。満腹ホルモンの分泌を補助するポテトプロテインがはたらくので腹もちがよく、ローカロリーでメタボも改善できます。水の代わりに豆乳を用いた、栄養バランスのよいポタージュです。

材料（1人分）
じゃがいも ──── 1個（150g）
豆乳（無調整）── 1カップ
塩 ────────── 小さじ1/3（2g）
コショウ ────── 少々

作り方
1 じゃがいもは皮つきのまま電子レンジ（600W）に入れ、5分間加熱してやわらかくする。鍋に入れ、木じゃくしで皮ごと粗くつぶす。
2 豆乳を加え、鍋の底から全体を混ぜながら中火弱で加熱。温かくなったら、塩、コショウで味を調える。

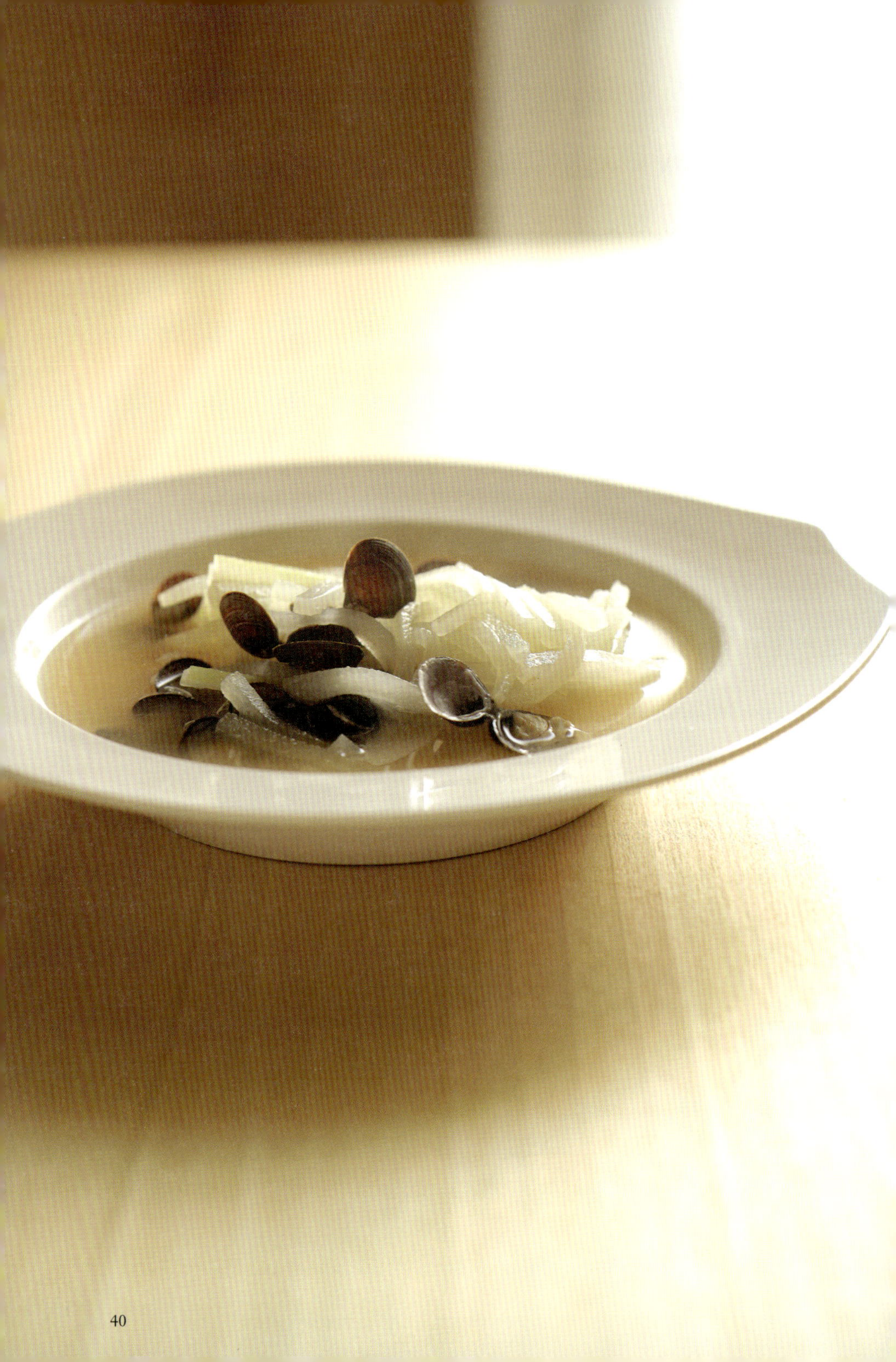

二日酔いの朝に効く
しじみのみそスープ

78 kcal

2 morning soup

二日酔いに効く定番といえば、しじみのみそ汁。冬には滋養をつけ、夏バテも防止するとされるしじみ。消化を助ける大根は、お好みですりおろしても結構です。つらい二日酔いが知らぬ間に抜けること、うけ合いです。

材料（1人分）
しじみ ──────── 約1/3カップ（50g）
大根（せん切り）── 長さ4cm（150g）
みそ ──────── 大さじ2/3（12g）
水 ───────── 1と1/2カップ

作り方
1 鍋にこすり洗いしたしじみと大根を入れ、水を注いで中火で加熱する。浮いてきたアクは取り除く。
2 しじみの殻が開き、大根が透明になってきたら、みそを溶いて味を調える。

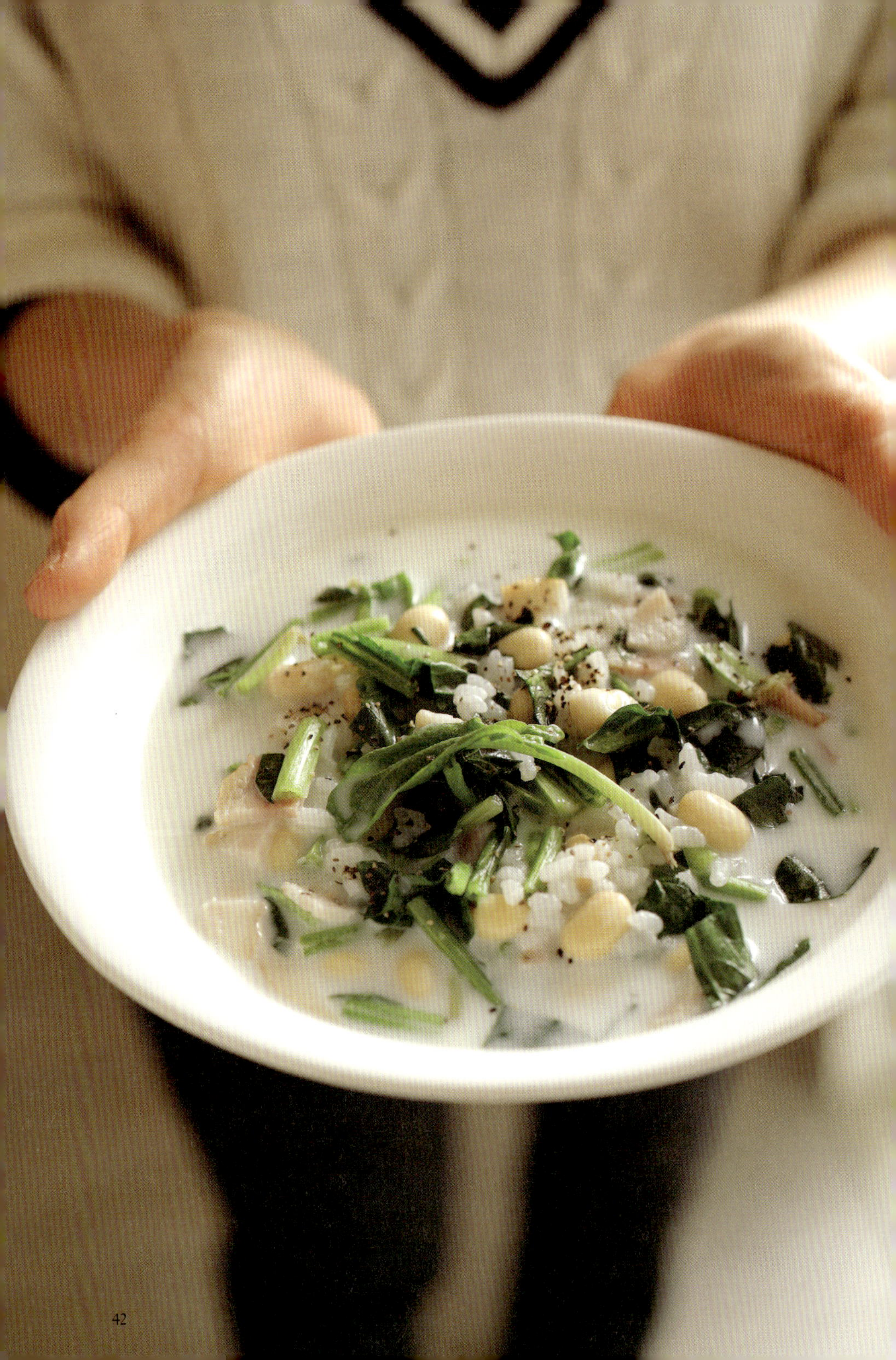

朝食はこれだけで OK バランスのいい ごはんスープ

273 kcal

2 morning soup

朝食をしっかりととりたいときにうってつけのスープ。β-カロテン、鉄分、カリウムに富むほうれん草を多めに使います。ベーコン、大豆、残りごはんを用いた、腹もちのよい、牛乳仕立ての栄養バランスのよいスープ。

材料（1人分）
ほうれん草（幅1cmに切る）— 2株（60g）
大豆（水煮）——————— 50g
ベーコン（1cm角切り）—— 1枚（15g）
ごはん ——————————— 1/3杯（50g）
牛乳（低脂肪）—————— 1/2カップ
水 ————————————— 1カップ
塩 ————————————— 小さじ1/3（2g）
コショウ ————————— お好みで

作り方
1 鍋に水を入れ、ベーコン、大豆、ごはんを加えて中火で加熱する。
2 沸いてきたら、牛乳を加えてさらに加熱する。
3 ほうれん草を加え、塩、コショウで味を調える。ほうれん草に火が通ったらでき上がり。

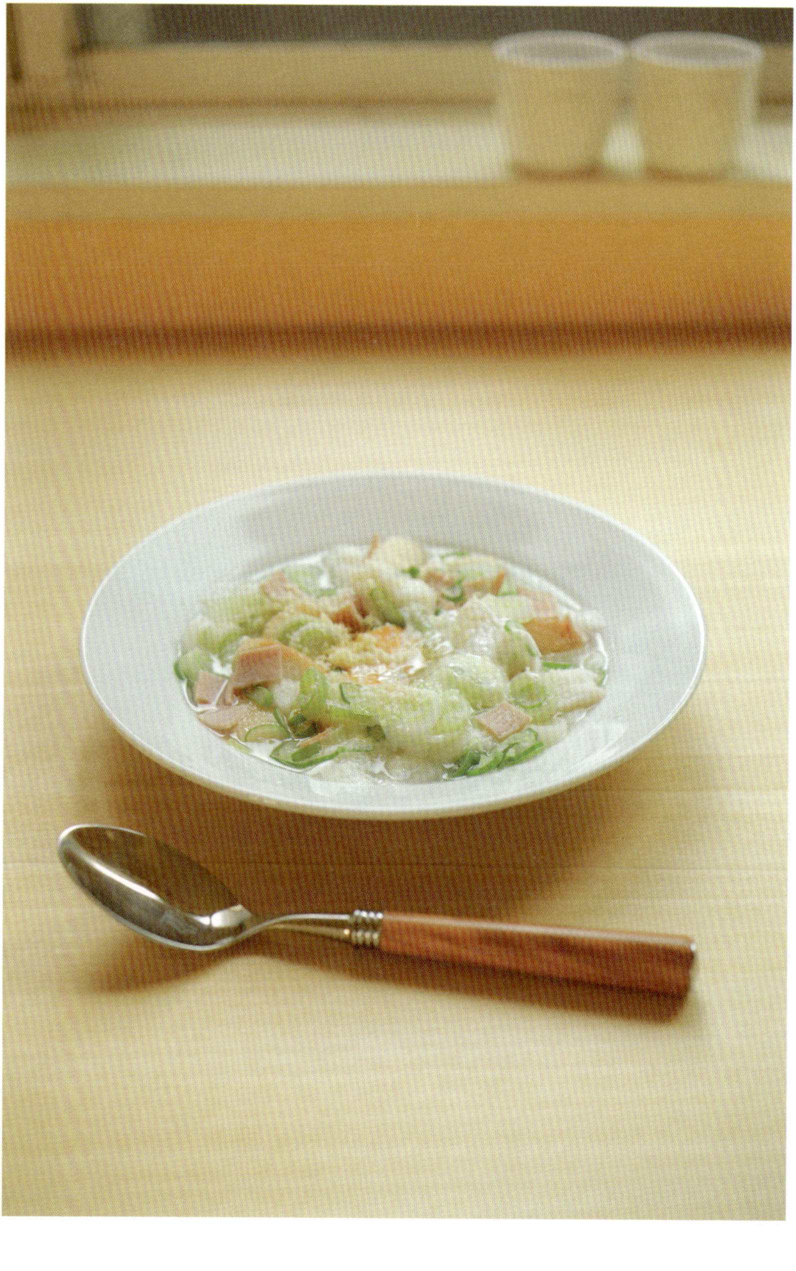

一日のはじめに、やる気を出させてくれる ハムエッグのパンスープ

2 morning soup

295 kcal

ねぎは、にらやにんにくなどの仲間で、精のつく野菜です。そんなねぎにハムと卵を組み合わせました。ちぎった食パンがやわらかく、ねぎの歯ざわりと香りを引き立てます。この一皿で、やる気もりもり。

材料（1人分）
- ねぎ（薄い小口切り）——1本（100g）
- ハム（1cm角切り）——2枚（30g）
- 食パン（8枚切り）——1枚（45g）
- 卵——1個
- 水——1.5カップ
- 塩——小さじ1/3（2g）
- コショウ——お好みで
- 粉チーズ——大さじ1

作り方
1. 鍋に水を入れ、ねぎ、ハム、食パンを加えて中火で加熱する。
2. 沸いてきたら、卵を割り落としてさらに加熱する。卵がお好みの固さになったら、塩、コショウで味を調える。器に盛り、粉チーズをふる。

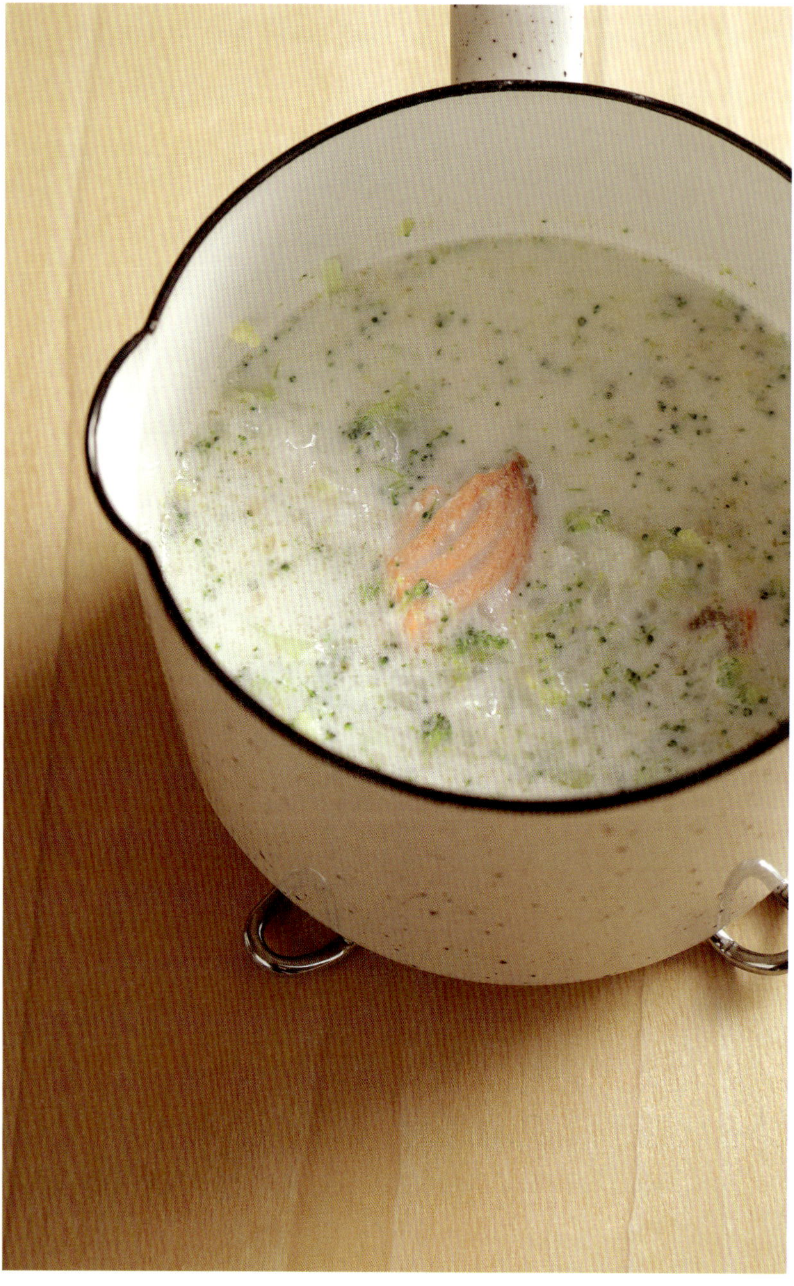

2 morning soup

腹もちのよい
さけとブロッコリーの
ごはんスープ

382 kcal

残りごはんや塩ざけを利用して作るスープ。おからと牛乳でタンパク質を、ブロッコリーでビタミンC、β-カロテン、食物繊維を補いました。野菜はブロッコリーに限らず、緑黄色野菜などの手近にある野菜でも結構です。

材料（1人分）
- ごはん ── 約2/3杯（100g）
- ブロッコリー（みじん切り）── 50g
- 塩ざけ（薄塩）── 1/2切れ（40g）
- おから ── 20g
- 牛乳（低脂肪）── 1カップ
- 塩 ── お好みで
- コショウ ── お好みで

作り方
1. 鍋に調味料以外の材料をすべて入れ、全体を軽く混ぜながら中火弱で加熱する。
2. ひと煮立ちしたら味見をして、塩、コショウで味を調える。

＊塩ざけは塩分にばらつきがあるため、かならず味見をしたのち、塩を加えるようにします。

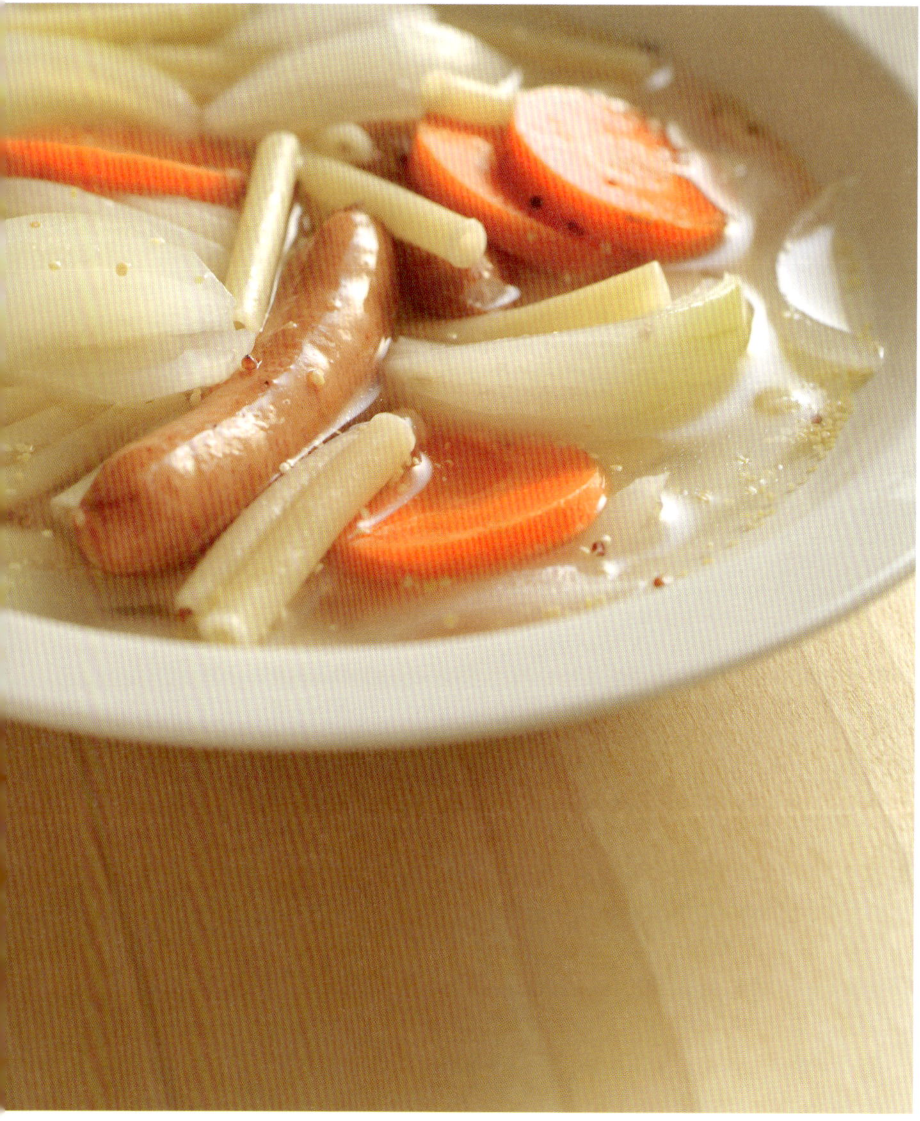

腹もちがよく、血液サラサラも期待
マカロニ入りのパスタスープ

306 kcal

2 morning soup

合わせる具材はソーセージと玉ねぎ、にんじん。マカロニはかみ応えがあり、腹もちもいい。玉ねぎとにんじんも大きく切って、粒マスタードの酸味と辛みでアクセント。よくかんで食べるのも、腹もちのよさに一役買っています。

材料（1人分）
にんじん（薄い輪切り） — 1/4本（50g）
玉ねぎ（くし切り） — 1/2個（100g）
ソーセージ — 2本（40g）
マカロニ — 30g
水 — 1と1/2カップ
粒マスタード — 小さじ1
塩 — 小さじ1/3（2g）

作り方
1 鍋に水とにんじんを入れて中火で加熱し、沸騰したら玉ねぎ、ソーセージ、マカロニを加え、マカロニがやわらかくなるまで5分前後（製品により異なる）煮る。
2 塩で味を調え、粒マスタードを入れて全体をよく混ぜる。

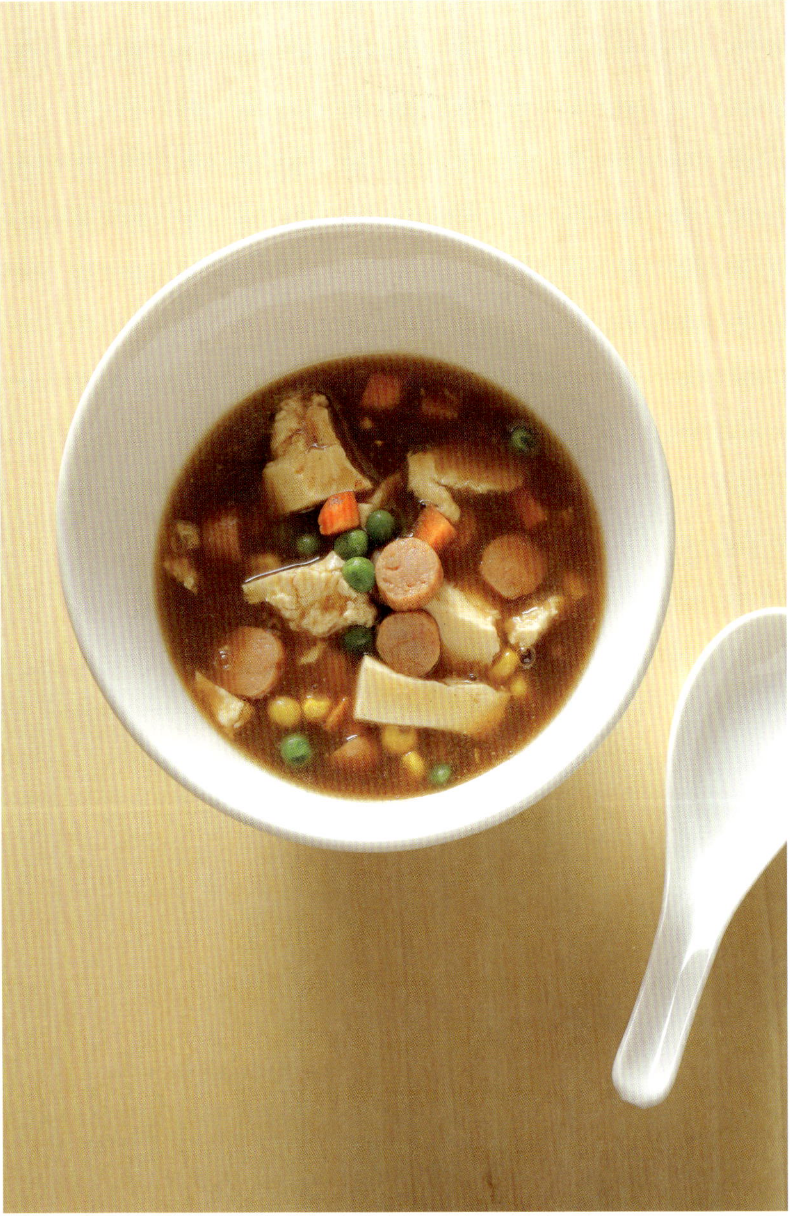

2 morning soup

元気いっぱい、カレースープ

323 kcal

スパイスの効いたカレールーは元気のもと。豆腐やミックスベジタブルなどの冷蔵庫にある素材を用いれば、時間のない朝でも簡単に作れます。暑い時季には発汗して涼しく、寒い時季にはぽかぽかと体が温まります。

材料（1人分）
豆腐 ──────────── 1/3丁（100g）
ソーセージ
　（厚さ2〜3mmの輪切り）── 2本（40g）
ミックスベジタブル（冷凍）── 50g
カレールー ──────────── 1かけ（16g）
水 ──────────── 1カップ

作り方
1　鍋に水を入れ、ソーセージとミックスベジタブルを加え、中火でひと煮立ちさせる。
2　カレールーを加えて溶き混ぜる。豆腐を手でちぎり入れ、全体を混ぜて1〜2分間温め、味を調える。

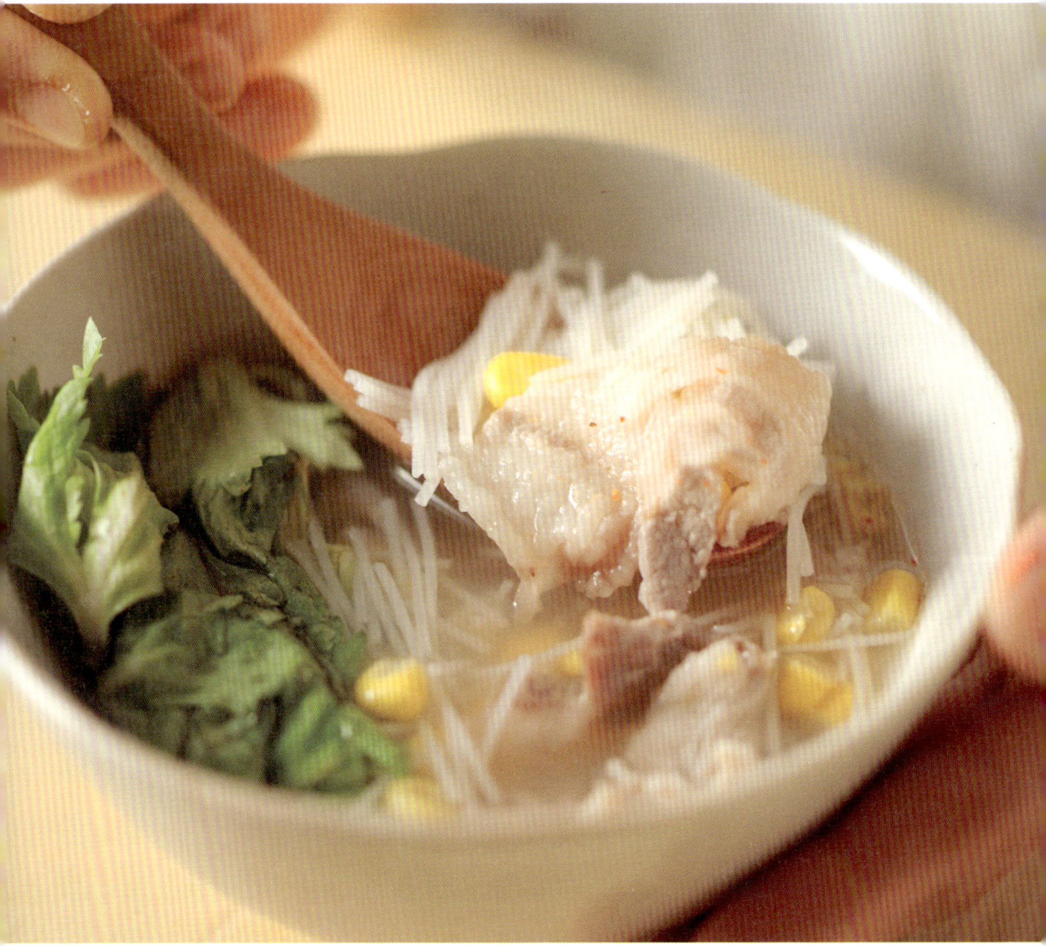

米でんぷんの
ビーフンを使って
ローカロリーなエスニック風

212 kcal

火の通りのよいビーフンを用いたアジアンテイストのスープ。ビーフンははさみで適当な長さに切って使います。豚肉ととうもろこしを加えて腹もちをよくし、セロリは葉の部分を生で添え、余熱で半生状態にすると、フレッシュな香りを楽しめます。

材料（1人分）
- ビーフン —————— 20g
- 豚こま切れ肉 —————— 20g
- とうもろこし（冷凍）—— 50g
- セロリ（葉の部分）—— 15g
- 水 —————— 1と1/2カップ
- スイートチリソース —— 大さじ1
- 塩 —————— 少々
- コショウ —————— お好みで

作り方

1 ビーフンは鍋の中で、はさみで長さ2〜3cmに切る。水を加えて中火で3分間ほど加熱したのち、豚肉ととうもろこしを加え、豚肉に火が通るまで煮る。

2 スイートチリソース、塩、コショウで味を調え、器に盛る。やわらかいセロリの葉を添える。

＊セロリの葉は、お好みでほかの材料といっしょに加熱しても結構です。

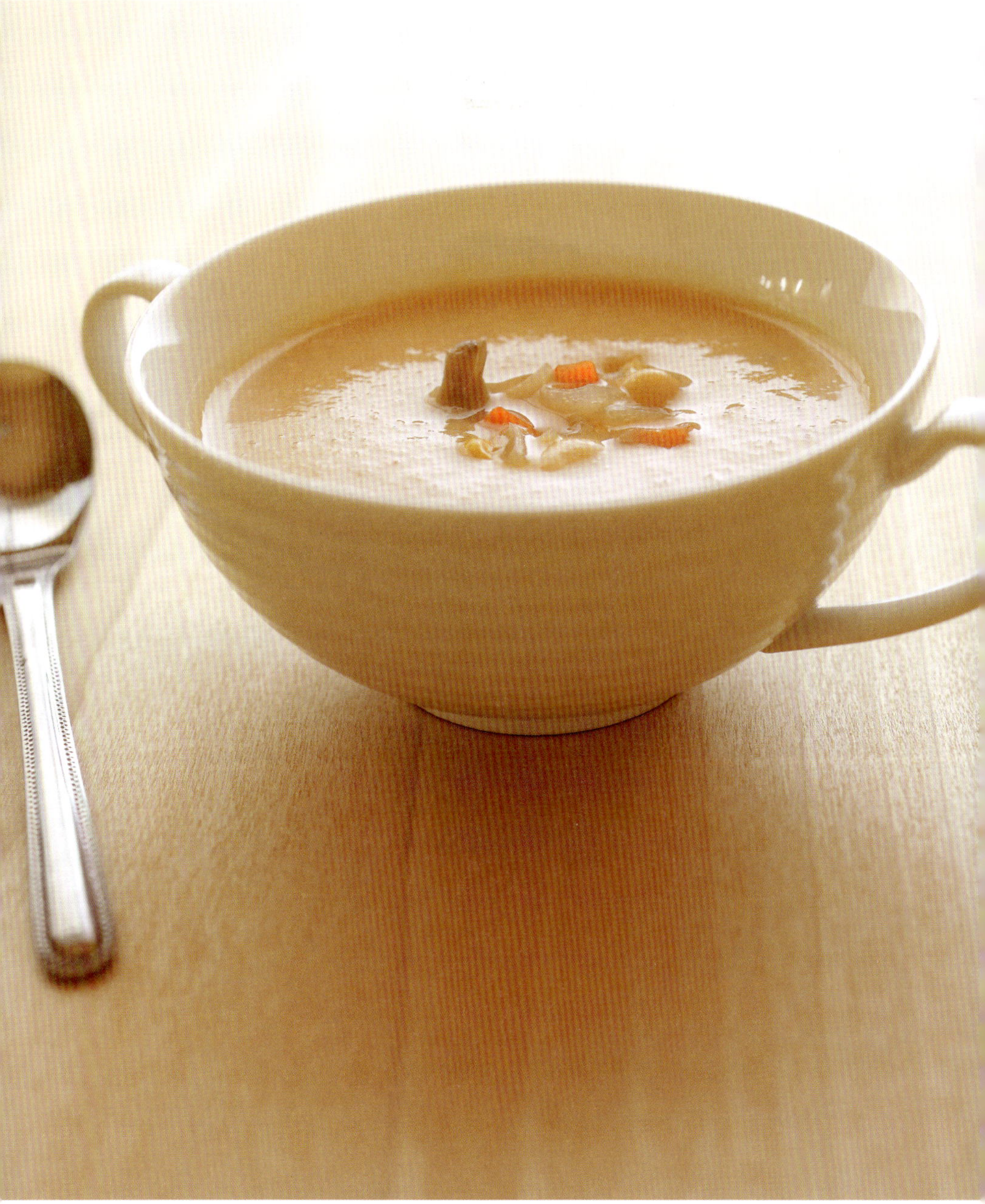

腹もちがよく、
生活習慣病予防に効果
大豆のポタージュ

188 kcal

畑のお肉といわれる大豆を主にした、生活習慣病に予防効果のあるポタージュ。ゆでた素材をミキサーにかけ、再度鍋に戻して温め、味つけします。ピュレ状なので、にんじんや玉ねぎの苦手な方でも抵抗なく飲めます。

材料(1人分)
- 大豆(水煮) ── 100g
- にんじん(1cm角切り) ── 1/8本(20g)
- 玉ねぎ(1cm角切り) ── 1/4個(50g)
- とうもろこし(冷凍) ── 20g
- まいたけ ── 20g
- 水 ── 1カップ
- 塩 ── 小さじ1/3(2g)
- コショウ ── お好みで

作り方
1. 鍋に水と材料を入れ、やわらかくなるまで加熱する。
2. 火から下ろして粗熱を取ってから、ミキサーにかけて撹拌(かくはん)する。
3. 鍋に戻して再度加熱し、塩、コショウで味を調える。

熱に強い野菜と
熱に弱い野菜

　野菜は、加熱すると栄養成分がなくなってしまうと思っている方が、多いのではないでしょうか。

　熱によって損なわれるかどうかは、成分によって異なります。ミネラル、脂溶性ビタミン、食物繊維などは熱に強いため、加熱してもなくならず、体に吸収できます。ビタミンB_1やビタミンCなどの水溶性ビタミン、酵素などは、加熱すると減ってしまいます。また、水溶性のビタミン類は水分に溶け出しますが、スープにすれば、溶け出した成分もすべて吸収できます。

　加熱すると野菜などはカサが減るので多く食べることができ、熱で成分が減った分を差し引いても、より多く吸収できる場合があります。ですから、野菜を加熱したからといって、栄養成分が減ってしまうとは、一概にはいえません。

　また、じゃがいもなどのいも類に含まれているビタミンCのように、比較的熱に強いものもあります。ですから、ビタミンCがイコール熱に弱いというように断定することもできません。いもの仲間のほかに、カリフラワーのもっているビタミンCも熱に強いといわれています。

　にんじん、トマト、カリフラワーなどの緑黄色野菜の成分である$β$-カロテンやビタミンEは、油といっしょに加熱調理すると、吸収率がアップします。ですから、スープなどを作るときも、はじめに野菜を油で炒めたり、仕上げるときに油を加えたりすると、栄養の吸収力を高めることができます。ねぎ、にんにく、にらなどの野菜は、昔から葷菜といい、滋養強壮によいとされてきました。玉ねぎを含むこれらのユリ科の野菜は硫化アリルを含むため、殺菌作用が強く、代謝を促したり、血行をよくしたりしてくれます。生で食べるほうが効果は大きいのですが、刺激が強いため加熱したほうが安心して食べられます。

　いっぽう、熱に弱いものには、大根やかぶなどのアブラナ科の野菜、長いもなどが挙げられます。大根に含まれる酵素のジアスターゼや長いもの酵素は、胃の消化を助けるはたらきがありますが、加熱すると効果が消えてしまうといわれています。きゅうりやなすなどの夏野菜には、血圧降下作用のあるカリウムを多く含むものが多いのですが、このカリウムも加熱すると効果が薄れてしまいます。

野菜は冷凍しても、その栄養成分はほとんど変わらないといわれています。ただし、解凍の際に細胞が破壊されて中の成分が水分といっしょに外に流れ出てしまうと、それだけ栄養価はなくなってしまいます。味も劣化してしまいます。逆に、きのこの類は、解凍するときに細胞組織が壊れるので、外に出にくかったうまみ成分が外に出やすくなる利点があります。
　このように、野菜はあたえる温度により、成分が変化することがあります。上手に使い分けるようにしましょう。

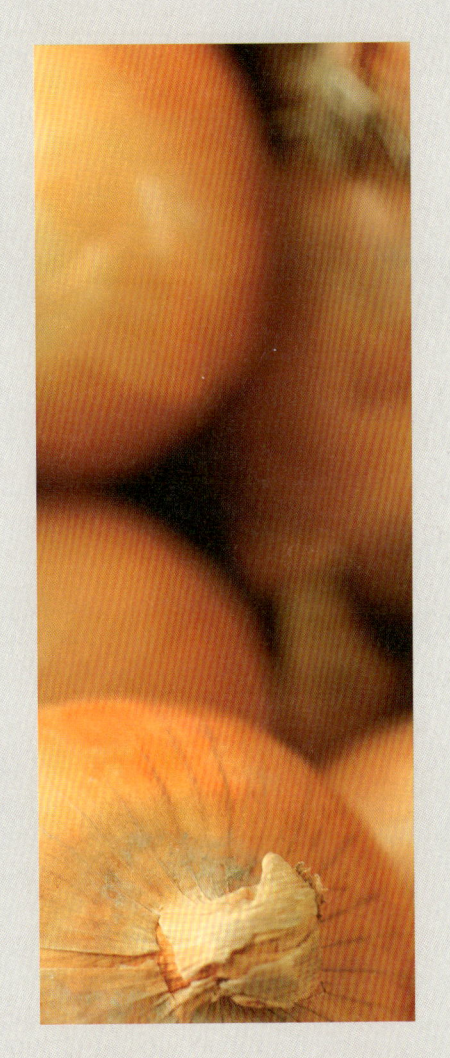

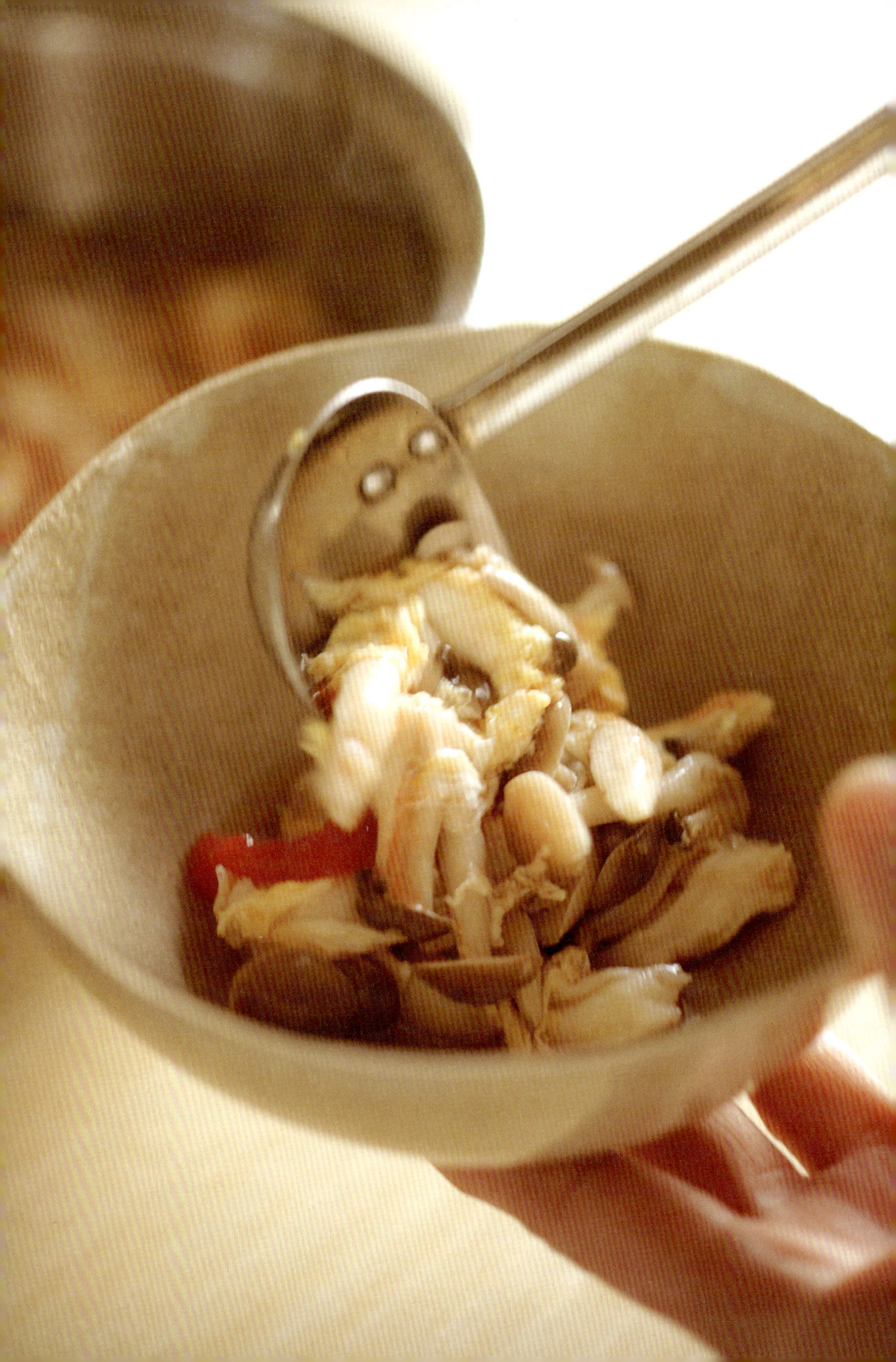

3 evening soup

夜スープこそ
健康スープ

楽しい食事は気分をリフレッシュするのに
とてもたいせつ。でも、ちょっと油断すると
夜ごはんはカロリーオーバーになりがちで
そこが心配のタネ。
そんな悩みをお持ちの方にお勧めしたいのが
栄養とカロリーのバランスがよい健康スープ。
その日の体調に合わせたレシピで
夜こそカラダの中から改善しましょう。

食物繊維をとりたいときに
乾物3種のとろとろみそスープ

ひじき：食物繊維→便秘解消、肥満予防
おから：食物繊維→腸内環境の改善、便秘解消
切り干し大根：食物繊維→便秘解消、動脈硬化予防

材料（1人分）
ひじき（乾燥）――― 5g
おから ――― 20g
切り干し大根（乾燥）――― 5g
ねぎ（幅1cmの輪切り）― 20g
みそ ――― 大さじ1
水 ――― 1と1/2カップ
水溶き片栗粉 ――― 大さじ1
（片栗粉と水を同量合わせたもの）
七味とうがらし ――― お好みで

作り方

1 ひじきと切り干し大根は水で軽く洗う。

2 鍋に1と水を入れ、フタをして中火で2〜3分間加熱する。

3 おからとねぎを加え、ねぎに火が通ってひと煮立ちしたら、みそを溶き入れる。

4 水溶き片栗粉を回し入れ、均一にとろみをつける。器に盛り、七味とうがらしをかける。

3
evening
soup

90 kcal

免疫力を高めたいときに
野菜たっぷりキムチスープ

キャベツ：含流化合物・ビタミンC→免疫力、風邪予防、肌荒れ防止
玉ねぎ：硫化アリル→血液サラサラ
きのこ：β-グルカン→免疫力
キムチ：乳酸菌→免疫力、発汗、滋養強壮
ヨーグルト：乳酸菌→免疫力、整腸作用、滋養強壮

材料（1人分）
キャベツ（太いせん切り）── 2枚（100g）
玉ねぎ（薄切り）────── 1/4個（50g）
まいたけ ─────────── 25g
しめじ ──────────── 25g
キムチ（漬け汁も含む）── 50g
ヨーグルト ────────── 大さじ1
しょうが（すりおろす）── 少々
水 ─────────────── 1と1/2カップ

作り方
1 まいたけは手で割き、しめじは石づきを切り落としてほぐす。
2 鍋にヨーグルト以外の材料と水を入れ、中火で加熱する。
3 器に盛り、ヨーグルトをかける。

3
evening
soup

83 kcal

デトックスしたいときに
ローカロリーカレースープ

えのきたけ：ギャバ、ビタミンB$_1$、ナイアシン→エネルギー代謝、疲労回復
糸こんにゃく：グルコマンナン→整腸作用、老廃物排除、ローカロリー
カレー粉：香辛料各種→脂肪燃焼、発汗、疲労回復

材料（1人分）
- えのきたけ ———— 100g
- 糸こんにゃく ———— 200g
- カレー粉 ———— 小さじ1
- かつお節 ———— 2g
- 塩 ———— 小さじ1/3（2g）
- 万能ねぎ（小口切り）—— お好みで
- 水 ———— 1と1/2カップ

作り方
1 えのきたけは石づきを切り落としてほぐし、ざく切りにする。糸こんにゃくは熱湯でゆで、食べやすい長さに切る。

2 鍋に水、えのきたけ、糸こんにゃく、かつお節を入れて中火で加熱する。

3 えのきたけに火が通ったら、カレー粉を溶き混ぜ、塩で味を調える。器に盛り、万能ねぎを散らす。

3
evening
soup

49
kcal

安眠を得たいときに
えびとほたて貝のクリームスープ

ブロッコリー：β-カロテン、ビタミンC→抗酸化作用、
牛乳：カルシウム、オピオイドペプチド→イライラ解消、安眠効果
ほたて貝柱：ビタミンB_{12}→安眠効果
えび：グリシン→抗酸化作用、安眠効果、保湿作用

材料（1人分）
- ブロッコリー（小房にする） —— 100g
- ほたて貝柱 —— 3個（30g）
- えび（無頭殻つき）—— 2尾（40g）
- 玉ねぎ（薄切り）—— 1/4個（50g）
- 牛乳（低脂肪）—— 1と1/2カップ
- 塩 —— 小さじ1/3（2g）
- コショウ —— 少々

作り方
1. 鍋に牛乳を入れ、ブロッコリーと玉ねぎを加えて中火弱で加熱する。
2. ブロッコリーに火が通ったら、ほたて貝柱と殻をむいたえびを加えて火を通し、塩、コショウで味を調える。

3
evening
soup

251 kcal

気力がないときに
豚肉とねぎのカレースープ

豚肉：ビタミンB_1 →エネルギー代謝、疲労回復
玉ねぎ・ねぎ：硫化アリル、カリウム、ビタミンB_1 →抗酸化作用、疲労回復、滋養強壮
カレー粉：香辛料各種→脂肪燃焼、発汗、疲労回復

材料（1人分）
- 豚こま切れ肉 —— 50g
- 玉ねぎ（薄切り）—— 1/2個（100g）
- ねぎ（斜め薄切り）—— 1/3本（50g）
- カレー粉 —— 小さじ1
- 塩 —— 小さじ1/3（2g）
- 水 —— 1と1/2カップ

作り方
1. 鍋に水を入れてひと煮立ちさせたのち、豚肉と玉ねぎを加えて中火で加熱する。
2. 玉ねぎが透明になってきたら、ねぎを入れる。
3. ひと煮立ちしたらカレー粉を溶き混ぜ、塩で味を調える。

3
evening
soup

222
kcal

69

むくみを和らげたいときに
カリフラワーと里いもの豆乳スープ

カリフラワー：カリウム→むくみ予防、ナトリウム分解
豆乳：タンパク質・リノール酸・レシチン→コレステロール降下作用、脂肪代謝
里いも：カリウム・ムチン→むくみ予防、免疫力、高血圧予防

材料（1人分）
- カリフラワー ———— 200g
  （内側の若葉も使用、薄切り）
- 里いも（薄切り）———— 100g
- 豆乳（無調整）———— 1/2 カップ
- 塩 ———— 小さじ 1/3（2g）
- コショウ ———— 少々
- 水 ———— 1 カップ

作り方
1. 鍋に水と里いもを入れ、中火で加熱する。
2. 里いもがやわらかくなったら、カリフラワーを加え、火を通す。
3. 塩、コショウで味を調えたのち、豆乳を加えて中火弱で温める。

3 evening soup

158 kcal

風邪ぎみのときに
ビタミンたっぷり野菜スープ

ほうれん草：ビタミンC・β-カロテン・カリウム・鉄→抗酸化作用、造血作用
ブロッコリー：ビタミンC・β-カロテン→抗酸化作用
れんこん：ビタミンC・ムチン・ポリフェノール→風邪予防、滋養強壮
オリーブ油：オレイン酸・β-カロテン→整腸作用、コレステロール予防

材料（1人分）
- ほうれん草（ざく切り） — 50g
- ブロッコリー（小房にする） — 50g
- れんこん（皮つき、薄切り） — 100g
- 刻み昆布 — 2g
- オリーブ油 — 大さじ1/2
- しょうゆ — 小さじ2
- 水 — 1と1/2カップ

作り方
1. 鍋に水、ブロッコリー、れんこんを入れ、中火で加熱する。
2. 途中でほうれん草と刻み昆布を加え、れんこんに火が通ったら、オリーブ油としょうゆで味を調える。

3 evening soup

159 kcal

暑気払いしたいときに
鶏肉と夏野菜のカレースープ

鶏肉：ナイアシン→保温作用、血行改善
なす：アントシアニン、ポリフェノール→解熱作用、眼精疲労予防、抗酸化作用
パプリカ：β-カロテン・ビタミンC→抗酸化作用
ししとうがらし：カプサイシン・β-カロテン・ビタミンC→抗酸化作用、疲労回復、保湿
しょうが：カリウム、ジンゲロール→抗酸化作用、抗菌作用、燃焼・発汗
カレー粉：香辛料各種→燃焼・発汗、疲労回復

材料（作りやすい分量）
鶏胸肉
　（皮なし、1cmの角切り） — 50g
なす（1cmの角切り） —— 1本（80g）
パプリカ（1cmの角切り） — 1/2個（75g）
ししとうがらし
　（1cmの角切り） —— 4本（80g）
しょうが（粗みじん切り） — 1かけ（10g）
カレー粉 —————— 大さじ1/2
塩 ———————— 小さじ1/3（2g）
水 ———————— 1と1/2カップ

作り方
1 鍋に水を入れてひと煮立ちさせたのち、鶏肉と野菜をすべて加え、中火で加熱する。
2 鶏肉に火が通ったらカレー粉を溶き混ぜ、塩で味を調える。

126kcal

3 evening soup

食欲を抑えたいときに
じゃがいもと
バナナのスープ

バナナ：炭水化物・カリウム・オリゴ糖→デトックス、整腸作用
牛乳：タンパク質、カルシウム→満腹感、エネルギー源
じゃがいも：ポテトプロテイン→満腹感、肥満防止
大豆：大豆サポニン→肥満防止

材料（1人分）
- バナナ ———— 1/2 本（60g）
- じゃがいも ———— 1 個（200g）
- 大豆（水煮）———— 40g
- 牛乳（低脂肪）—— 1と1/2カップ
- 塩 ———— 小さじ1/3弱（1.5g）
- コショウ ———— 少々

作り方
1. バナナは薄い輪切りにする。じゃがいもは皮つきのまま電子レンジ（600W）で4分間加熱し、厚さ1cmに切る。
2. 鍋に牛乳、1のじゃがいも、大豆を入れて中火弱で加熱する。
3. じゃがいもがやわらかくなっていることを確認したのち、1のバナナを加え、熱くなったら、塩、コショウで味を調える。

3
evening
soup

398 kcal

体を冷やしたいときに　その1
スイカと
トマトの冷たいスープ

スイカ：β-カロテン・リコピン・カリウム→解熱作用、抗酸化作用、むくみ予防
レモン：ビタミンC、カルシウム、クエン酸→免疫力、疲労回復
トマト：β-カロテン・リコピン→抗酸化作用、免疫力、解毒作用
きゅうり：β-カロテン・カリウム→老廃物除去、利尿作用

材料（作りやすい分量）
スイカ ──────── 200g
トマト（1cmの角切り）── 1/2個（100g）
きゅうり（薄い輪切り）── 1本（80g）
レモン汁 ─────── 少々
スイートチリソース ──── お好みで
塩 ────────── 小さじ1/3（2g）

作り方
1　スイカは皮と種を取り、ミキサーにかけてジュースにする。
2　1をボウルにあけ、トマトときゅうりを加え、レモン汁をかける。
3　スイートチリソースと塩で味を調える。冷蔵庫でよく冷やしてから器に盛る。

3
evening
soup

104 kcal

体を冷やしたいとき その2
冷え冷えグリーンスープ

ズッキーニ：β-カロテン・ビタミンC・カリウム→解熱作用、免疫力
ピーマン：β-カロテン・ビタミンC・ピラジン→免疫力、抗酸化作用、血液サラサラ
オクラ：ペクチン・ムチン→整腸作用、粘膜保護、コレステロール降下作用

材料（作りやすい分量）
- ズッキーニ ———— 1/2本（80g）
- ピーマン ———— 1個（20g）
- オクラ ———— 5本（50g）
- 麺つゆの素（市販品）— 大さじ1
- 水（よく冷やす）———— 1カップ

作り方
1 ズッキーニは縦半分に切り、種をつけたまま小口から薄いくし形に切る。ピーマンは細切りにして湯通しする。オクラは塩ずりをしてさっとゆで、冷水で冷まし、薄い輪切りにする。
2 下ごしらえをした1の材料をボウルに入れ、粘り気が出てくるまでよく混ぜ合わせる。
3 冷えた水と麺つゆの素を加えて味を調え、器に盛る。

*暑い日には、氷を入れて冷やすとよりおいしくできます。

3
evening
soup

48 kcal

豆乳、牛乳、しょうゆを加えるタイミング

　豆乳や牛乳はとても栄養豊かな食材ですから、健康を配慮した料理に欠かせません。しかも、特有の風味や香りがあるため、それを生かして調理することにより、料理がよりおいしくできます。スープやシチューを作る上で、とても重宝な食材です。

　しかし、加えるタイミングを注意しないと、せっかくのスープの味が悪くなりかねません。白いかたまりになってしまったり、表面に膜が張ったりしているスープを口にしたことはありませんか。これでは、豆乳や牛乳特有のなめらかでクリーミーなスープは味わえません。高い温度で長い時間加熱したために、タンパク質や脂肪がコロイド粒子の状態で分散していられなくなり、固まってしまったり、表面に浮いたりしてしまったためにおこる現象です。

　牛乳を野菜といっしょに加熱すると、長く加熱していないのに、かたまりができてしまうこともあります。これは、野菜のもつタンニンなどの成分が溶け出して、豆乳や牛乳のタンパク質と結びつくためといわれています。

　さらに加熱すると、タンパク質が熱変化し、焦げていやなにおいがスープ全体についてしまいます。

　ですから、そうした失敗を避けるため、はじめに水やだしなどで野菜や肉などを煮て火を通したあとに豆乳や牛乳を加え、温めて仕上げます。牛乳を水分としてはじめに加熱する場合は、弱火〜中火弱でゆっくりと加熱しましょう。すると、豆乳や牛乳の香りの漂う、なめらかな舌触りのスープを失敗することなく作ることができます。

　豆乳や牛乳のように固まったりはしませんが、スープや吸い物などにしょうゆを加えるタイミングも、仕上げる直前にしましょう。というのも、しょうゆのもつ香りを生かしたいからです。しょうゆは塩と同じ塩味をつける調味料なのですが、塩と大きく異なるのは、特有の香りがあること。かすかに香るしょうゆの香ばしさを生かすには、しょうゆを加えてから長い時間煮立ててはいけません。せっかくの香りが飛んでなくなってしまいます。

　しょうゆの香りを上手に生かす方法は、塩と合わせて使うことです。つまり、塩で6〜7割の味つけをし、スープが仕上がる直前に少量のしょうゆを加えるようにします。このように使うと、最後に塩

味をきちんとつけられ、なおかつしょうゆの香りを生かすことができます。

　また、コショウなどのスパイスの役割には、素材のにおいを消すことと、スパイスそのものの香りを料理につけることの2つがあります。香りをつけるのが目的の場合には、食べる直前に用いると新鮮な香りを生かすことができます。

　普段何げなく使っている食材でも、使うタイミングを変えることにより、料理をよりおいしく作れるようになれます。

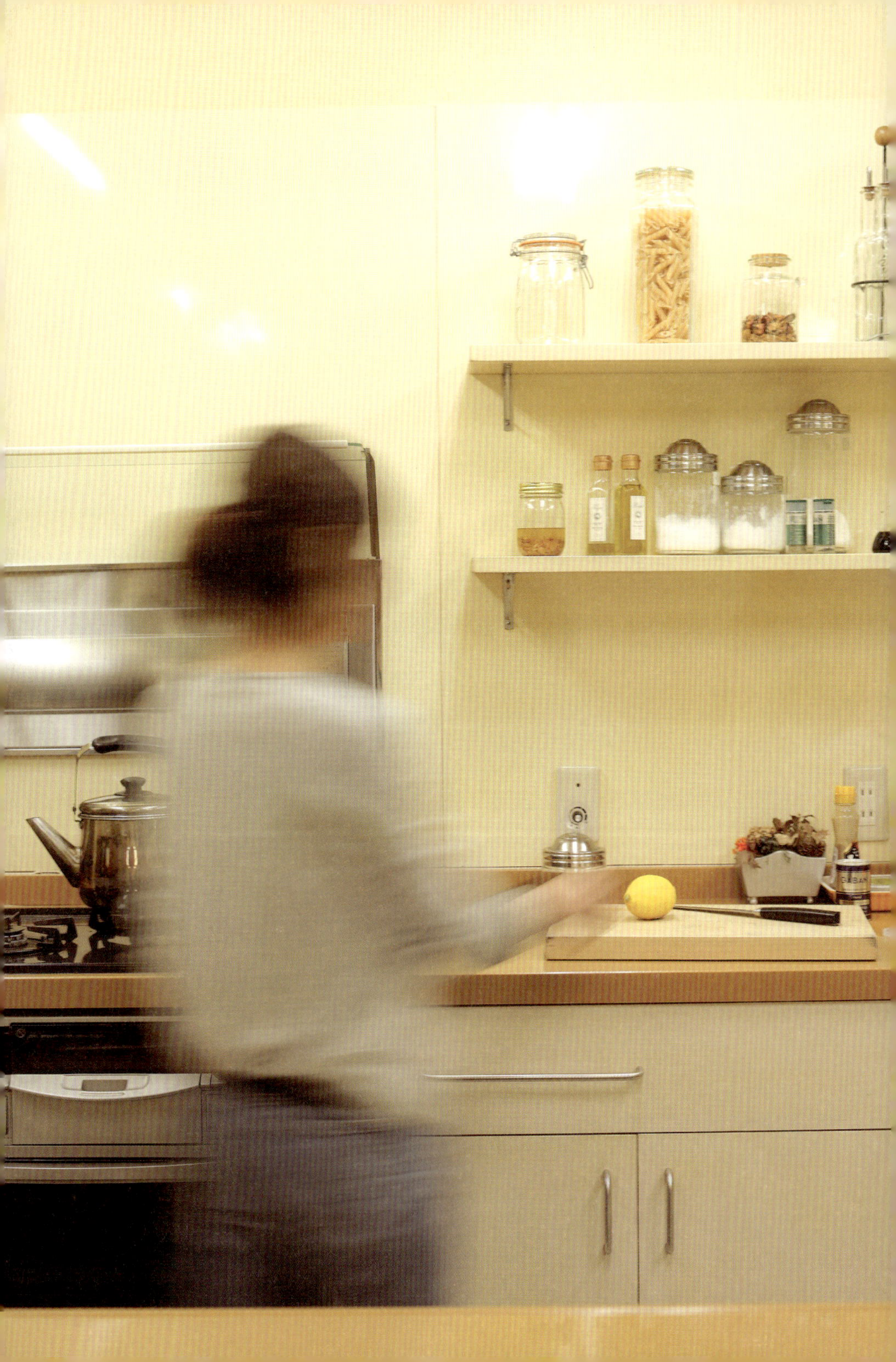

4 base+α soup

夜のスープは手間をかけない
ベースの野菜スープ
+αスープ

毎日スープを作るのは面倒くさい、と思っている方はいませんか。

きっと煮込み料理というイメージを強くもっているからだと思います。

スープで体質改善しようと思いつつなかなか実行できない方に

ぜひともお勧めしたい方法があります。

ベースの野菜スープを、1週間分仕込む

これが、その答え。

このベースの野菜スープは、材料を刻んでフタ蒸しするだけ。

簡単で、時間も手間もほとんど苦になりません。

こうしてうまみと栄養分を引き出したベースの野菜スープを作っておけば

あとは小分けにしてその日の体調や好みに合わせて

具材と水を加えてひと煮立ちさせるだけ。

ダイエットも体質の改善も思いのまま。

カラダによいおいしいスープをいつでも食べられます。

ベースの
野菜
1

(4 base+α soup)

にんじん

緑黄色野菜を代表する野菜で、特徴はβ-カロテンの含有量が多いこと。β-カロテンには抗酸化作用があり、免疫力を高めます。食物繊維のペクチンは水溶性なので、スープに使って効率よく吸収しましょう。ビタミンCを破壊する酵素のアスコルビナーゼは、加熱すればそのはたらきを失います。β-カロテンやミネラルは皮のすぐ内側に多いので、皮をむかずに調理したほうが栄養をたくさんとれます。葉にはたくさんの栄養価があるので、葉つきのものが手に入ったら捨てずに使いましょう。にんじんの質のよし悪しは、茎の切り口で判断します。切り口が太いものは芯の部分も太くて固いので、なるべく細いものを。にんじんを保存する際は新聞紙で包み、ポリ袋に入れましょう。植わっているときと同じように立てた状態で野菜庫に入れると長持ちします。

主な食品成分 可食部100gあたり　37 kcal

ビタミン
- A　β-カロテン当量 ──── 9100μg　抗酸化作用、免疫力を高める、皮膚・粘膜の保護
- B_1 ──────────── 0.05mg　脳や神経を活発にする
- B_2 ──────────── 0.04mg　皮膚や髪などの細胞の再生
- ナイアシン ─────── 0.7mg　血行改善、皮膚の保護、コレステロール分解
- B_6 ──────────── 0.11mg　皮膚や粘膜を正常に保つ
- 葉酸 ─────────── 28μg　造血作用、細胞の形成
- C ──────────── 4mg　免疫力を高める、皮膚や骨の形成

ミネラル
- カリウム ───────── 280mg　塩分排出
- カルシウム ──────── 28mg　骨の形成
- ナトリウム ──────── 24mg　細胞の浸透圧・水分の調整

食物繊維総量 ─────── 2.7g　便秘、肥満、糖尿病の予防

ベースの
野菜
2

キャベツ

4 base+α soup

淡色野菜ですが、栄養価は緑黄色野菜に匹敵します。抗酸化作用が強く、老化を予防し、免疫力を高めます。キャベジンの名で知られるビタミンUは、胃腸の活性化や保護に効果を発揮。特有の風味は、含流化合物の一種でイソチオシアネートといい、免疫力を強め、抗ガン性があるといわれています。葉の巻きが固く締まっている冬キャベツはスープや煮込みに適し、春から初夏にかけて出回る春キャベツは、葉がやわらかいので生食に。保存するときは、捨てずに取っておいた外葉で包み、その上からさらに水で湿らせた新聞紙で包み、ポリ袋に入れておくと長持ちします。半割で売られている場合、芯の部分が膨らんでいるものは、切ってから時間が経って鮮度が落ちているので避けましょう。

主な食品成分 可食部100gあたり　23 kcal

ビタミン
- A　β-カロテン当量 —— 50μg　抗酸化作用、免疫力を高める、皮膚・粘膜の保護
- B_1 ———————— 0.04mg　脳や神経を活発にする
- B_2 ———————— 0.03mg　皮膚や髪などの細胞の再生
- ナイアシン ————— 0.2mg　血行改善、皮膚の保護、コレステロール分解
- B_6 ———————— 0.11mg　皮膚や粘膜を正常に保つ
- 葉酸 ——————— 78μg　造血作用、細胞の形成
- C ———————— 41mg　免疫力を高める、皮膚や骨の形成

ミネラル
- カリウム ————— 200mg　塩分排出
- カルシウム ———— 43mg　骨の形成

食物繊維総量 ———— 1.8g　便秘、肥満、糖尿病の予防

ベースの
野菜
3

玉ねぎ

玉ねぎは、ビタミン類の含有量が少ない野菜です。特徴的な栄養成分は、硫化アリルとケルセチンの2種類。硫化アリルは玉ねぎを切ると涙が出る原因になる成分で、ビタミンB_1のはたらきの促進、新陳代謝の活発化、疲労回復の効果などが挙げられます。血液をサラサラにする作用が、脳血栓や動脈硬化の予防にも結びつくといわれています。もう一方のケルセチンはポリフェノール系のファイトケミカルで、抗酸化作用、抗ガン作用、アレルギー疾患の改善作用、コレステロール値の降下作用と、その効能は盛りだくさんです。ケルセチンは水溶性で熱に強いので、スープには格好の食材です。保存する場所は、涼しければ常温で十分。皮の茶色が濃く、よく乾燥していて重みがあり、切った茎の部分が細くしまっているものを選びましょう。新玉ねぎは玉ねぎを早採りしたもので、皮が薄く、水分が多いのが特徴。やわらかくて辛みが少ないので、サラダなどの生食に向いています。

主な食品成分　可食部100gあたり　37 kcal

ビタミン
- B_1 ———— 0.03mg　脳や神経を活発にする
- B_2 ———— 0.01mg　皮膚や髪などの細胞の再生
- ナイアシン ———— 0.1mg　血行改善、皮膚の保護、コレステロール分解
- B_6 ———— 0.16mg　皮膚や粘膜を正常に保つ
- 葉酸 ———— 16μg　造血作用、細胞の形成
- C ———— 8mg　免疫力を高める、皮膚や骨の形成

ミネラル
- カリウム ———— 150mg　塩分排出
- カルシウム ———— 21mg　骨の形成
- ナトリウム ———— 2mg　細胞の浸透圧・水分の調整
- 鉄 ———— 0.2mg　造血作用

食物繊維総量 ———— 1.6g　便秘、肥満、糖尿病の予防

ベースの
野菜

4

しめじ（ぶなしめじ）

しめじに多く含まれるビタミンDにはカルシウムの吸収率を高めるはたらきがあり、骨や歯の形成に欠かせません。必須アミノ酸の一種のリジンは、体の成長に欠かせない栄養素です。活性酸素の除去、動脈硬化予防、口内炎や疲れ目の予防、免疫力をつけるなどの効果があるビタミンB群も多く含んでいます。100gあたり18kcalというローカロリーの食材なので、ダイエットに効果的。熱を加えると栄養成分が溶け出すので、スープの材料として適しています。冷凍すると、細胞が破壊されてうまみ成分が外に出やすくなります。ですから、小房の状態で保存袋に入れて冷凍し、冷凍したまま使うようにすると、うまみが増してよりおいしくなります。菌床栽培が盛んなぶなしめじは「ホンシメジ」の名で売られていることも多いのですが、自然に生えるほんしめじとは別種です。

主な食品成分 可食部100gあたり　18kcal

ビタミン
- B_1 ── 0.16mg　脳や神経を活発にする
- B_2 ── 0.16mg　皮膚や髪などの細胞の再生
- ナイアシン ── 6.6mg　血行改善、皮膚の保護、コレステロール分解
- B_6 ── 0.08mg　皮膚や粘膜を正常に保つ
- 葉酸 ── 28μg　造血作用、細胞の形成
- C ── 7mg　免疫力を高める、皮膚や骨の形成
- ビタミンD ── 2.2μg　カルシウムの沈着、骨軟化症予防

ミネラル
- カリウム ── 380mg　塩分排出
- 鉄 ── 0.4mg　造血作用

食物繊維総量 ── 3.7g　便秘、肥満、糖尿病の予防

1週間分の
野菜スープを作る

キャベツ、にんじん、玉ねぎ、しめじ
の4種の野菜がそろったら、
まず、ベースにする
1週間分（6回分）のスープ作りからはじめます。

作り方は至って簡単。
小さく切った野菜を大きめの鍋に入れ、弱火で蒸し煮。
野菜からうまみを引き出したら、水を加えて煮るだけ。
加熱時間はほんの20分間ほどです。
これだけで、ベースの野菜スープはでき上がり。
さぁ、野菜と鍋を用意して、
まずは、ベースのスープを作りましょう。

使用した鍋
容量約4ℓ（内径19cm×高さ14cm）

調理時間

約30分

材料（6回分）
キャベツ ──── 1/2個（600g）
玉ねぎ ───── 2個（400g）
にんじん ──── 大1本（200g）
しめじ ───── 1パック（120g）

水 ────── 6カップ（1.2ℓ）
塩 ────── 小さじ2
コショウ ──── 少々

1　4種類の野菜は、それぞれを2cmくらいの大きさに切りそろえる。

2　鍋の中に、1の材料を全部入れ、盛り上がったら手で押し込むように入れる。

＊蒸し煮にしている間にカサが減るので、鍋からあふれるくらいでもまったく心配ありません。

3　2の野菜の上に水大さじ1（分量外）をふりかける。

4 フタをし、弱火で野菜に汗をかかせるようにして蒸し煮にする。じっくりとうまみを引き出す。

5 約15分経ったら、水分を逃がさないように野菜全体を木べらでまんべんなく混ぜ合わせる。フタをして、さらに5分間蒸し煮にする。

6 水を注ぎ、塩で下味をつけ、中火で加熱する。

7 ひと煮立ちしたら、コショウをふりかける。火を止めてそのまま冷ます。

*1回に使う分量ごとに取り分けて保存容器に入れ、冷蔵庫にストック。冷凍庫に保存しても結構です。
*スープには最低限の塩味しかつけていないため、暑い時季に常温においたままにすると、腐敗してしまうおそれがあります。かならず冷蔵庫に保存するなど、取り扱いに注意してください。

₄
base+α
soup

ベースの野菜スープに効能をプラス

ベースは4種の野菜で作った、1週間分（6回分）の野菜スープ。
これを小分けにし、その日の体調に合わせて選んだ
食材と、水をプラスして加熱するだけ。
いつでも、短時間で作れ、
カラダに効く、おいしいスープが食べられます。

1カップあたり
64 kcal

Base soup ＋ ? ＝

＋ 鶏手羽肉 ＝ $127 kcal$

お肌をきれいにする

材料（1人分）
ベースの野菜スープ　1カップ
（P.94参照）

＋

鶏手羽肉 ──── 1本（65g）
塩 ──────── 小さじ1/6（1g）
水 ──────── 1/2カップ
コショウ ──── お好みで

作り方

1　手羽肉は関節で2つに切り離し、さらに手羽中は骨と骨との間を縦に2つに切る。

2　鍋にベースの野菜スープを入れてひと煮立ちさせたのち、1の手羽肉を入れる。

3　水を加え、手羽肉に火が通るまで中火で加熱する。塩、コショウで味を調える。

4
base+α
soup

骨つきの手羽肉は、美肌効果のあるコラーゲンをたっぷり含んでいます。加えて、皮膚や粘膜を丈夫にしてくれるビタミンAとビタミンB_{12}も豊富。骨ごとスープにすることにより、これらの栄養を残らずとることができます。

＋ 牛ひき肉 ＝ 180 kcal

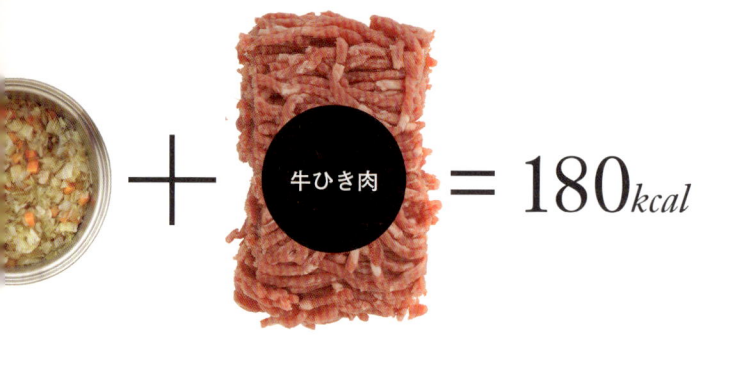

血液増加で元気いっぱい

材料（1人分）
ベースの野菜スープ　1カップ
（P.94参照）

＋

牛ひき肉 ——— 50g
しょうゆ ——— 小さじ1（6g）
水 ——————— 1/2カップ
柚子こしょう ——— お好みで

作り方

1　鍋にベースの野菜スープと水を入れ、中火で加熱してひと煮立ちさせる。ひき肉を箸でほぐしながら加える。

2　浮いてきたアクをきれいに取り除く。

3　しょうゆで味を調えて器に盛る。柚子こしょうを添える。

牛肉には、血液中の赤血球を増やす鉄分とビタミン B12 が豊富。冷え体質の改善に効果を期待できます。しょうゆの味によく合い、柚子こしょうを添えると、より和風の味を楽しめます。

＋ 豚ロース肉 ＝ 171 *kcal*

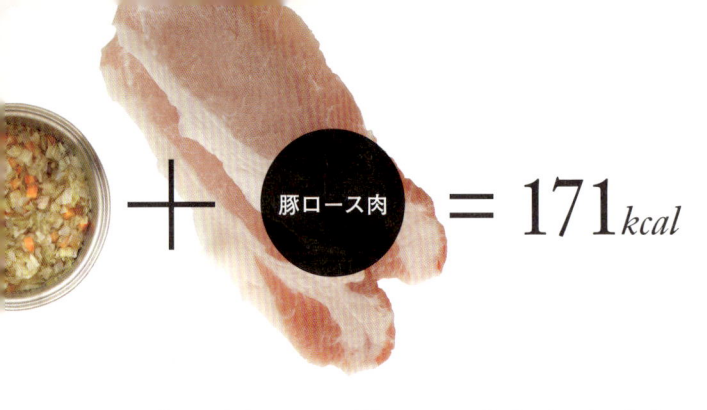

疲労回復に効果的

材料（1人分）
ベースの野菜スープ　1カップ
（P.94参照）

＋

豚ロース肉（薄切り） ── 2枚（35g）
トマト ──────── 1/2個（80g）
塩 ───────── 小さじ1/6（1g）
水 ──────────── 1/2カップ
マスタード ─────────── お好みで

作り方

1　トマトは2cm角くらいのざく切りにする。豚肉は幅2cmくらいに切る。

2　鍋にベースの野菜スープを入れて中火で加熱し、ひと煮立ちしたら、水を加えてさらに加熱する。

3　再度煮立ってきたら、トマトと豚肉を加え、豚肉に火が通ったら、塩で味を調える。マスタードを添える。

4 base+α soup

豚肉には、疲労回復のビタミンといわれているビタミンB₁が、牛肉の10倍前後、鶏肉の約6〜7倍もあります。免疫力が強いトマトと組み合わせ、マスタードの酸味で洋風にしました。

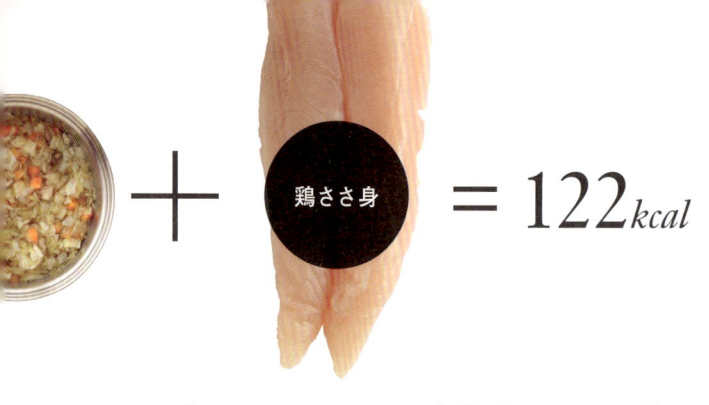

＋ 鶏ささ身 ＝ *122kcal*

ダイエット効果の期待大

材料（1人分）
ベースの野菜スープ　1カップ
（P.94参照）

＋

鶏ささ身 ──── 1本（55g）
塩 ──────── 小さじ1/6（1g）
水 ──────── 1/2カップ
わさび ─────── お好みで

作り方

1　鶏のささ身は、筋を抜いたのち、ひと口大に斜めに切る。

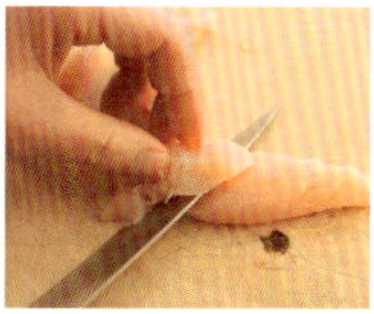

2　鍋にベースの野菜スープと水を入れ、中火で加熱する。ひと煮立ちしたら、1のささ身を入れる。

3　ささ身が半生になるくらいに火が通ったら、塩で味を調える。器に盛り、わさびを添える。

4 base+α soup

鶏のささ身は、低脂肪かつ良質なタンパク質。だから、ダイエットにとても向いています。脂肪が少ない分、加熱しすぎるとボソボソしてしまいます。煮すぎないように注意しましょう。

＋ えび・あさり ＝ 125_{kcal}

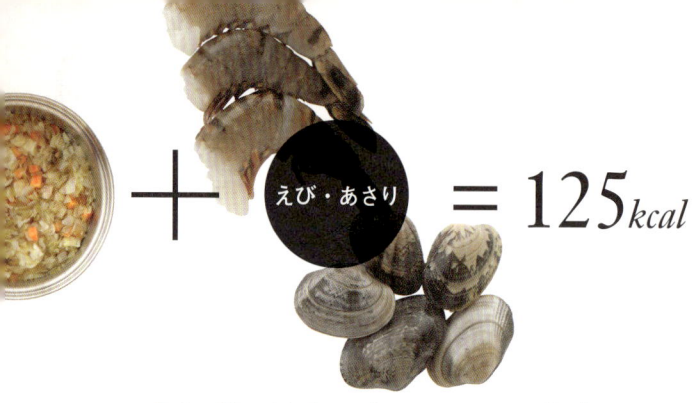

老化防止にお勧め

材料（1人分）
ベースの野菜スープ　1カップ
（P.94参照）

＋

えび（無頭殻つき）——2尾（40g）
あさり（殻つき）——4個（60g）
スイートチリソース——大さじ1
コショウ——————お好みで
水————————1/2カップ

作り方

1　えびは殻をむく。あさりは水の中でこすり洗いする。

2　鍋にベースの野菜スープと水を入れ、1のあさりを加える。中火で加熱し、あさりが殻を開いたら、えびを加えて火を通す。

3　スイートチリソースとコショウを加え、味を調える。

4 base+α soup

えびにはグリシン、アルギニン、ベタイン、あさりにはグルタミン酸、タウリン、とうまみ成分がたっぷり。単に味がよいだけでなく、貧血や高血圧などの予防などにも。スイートチリでアジアンテイストに。

＋ 豆腐 ＝ 154 *kcal*

タンパク質を大豆加工品でプラス

材料（1人分）
ベースの野菜スープ 1カップ
（P.94参照）

＋

豆腐 ――― 1/3丁（100g）
トマト
　（水煮、汁も含む）――― 100g
酒 ――― 大さじ1/2
しょうゆ ――― 大さじ1/2
水 ――― 1/2カップ

作り方

1　鍋にベースの野菜スープと水を入れ、トマトを加えて中火で加熱する。

2　ひと煮立ちしたら、酒としょうゆを加えて味を調える。

3　豆腐を手でひと口大に割って加える。豆腐が熱くなったらでき上がり。

4 base+α soup

豆腐は原料の大豆と同様、コレステロールのことをまったく心配せずに食べられます。トマトのもつうまみと栄養価を組み合わせ、しょうゆで味つけしました。少し煮込んで豆腐に味をしみ込ませると、また違った味わいを楽しめます。

＋ 卵 ＝ *150 kcal*

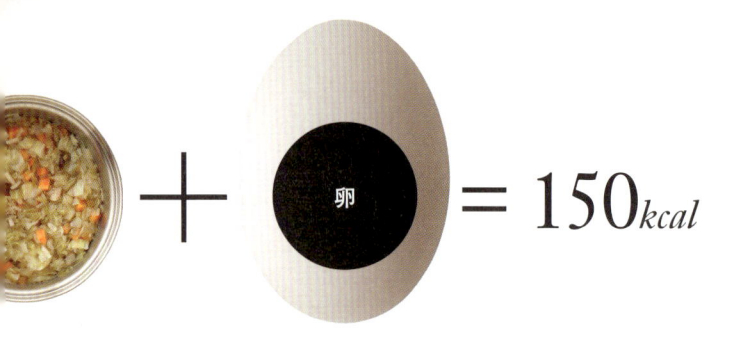

栄養がバランスよくとれる

材料（1人分）
ベースの野菜スープ　1カップ
（P.94参照）

＋

卵 ——————— 1個
塩 ——————— 小さじ1/6（1g）
水 ——————— 1/2カップ
水溶き片栗粉 ——— 大さじ1
（片栗粉と水を同量合わせたもの）
酢 ——————— お好みで
粉ざんしょう ——— お好みで

作り方

1　鍋にベースの野菜スープと水を入れて中火で加熱し、ひと煮立ちさせる。塩で味を調える。

2　水溶き片栗粉を入れ、均一にとろみをつける。

3　強火にし、円を描くようにして溶き卵を細く流し入れる。卵が浮いてきたら、全体を静かに混ぜる。器に盛り、酢と粉ざんしょうをかける。

4 base+α soup

卵には、ビタミンC以外の、ヒナがかえるのに必要な栄養がバランスよく組み込まれています。ですから、野菜スープと合わせると、ひと皿で栄養をしっかりとることができます。酢と粉ざんしょうで酸辣湯（サンラータン）風にしました。

111

\+ さけ = 189*kcal*

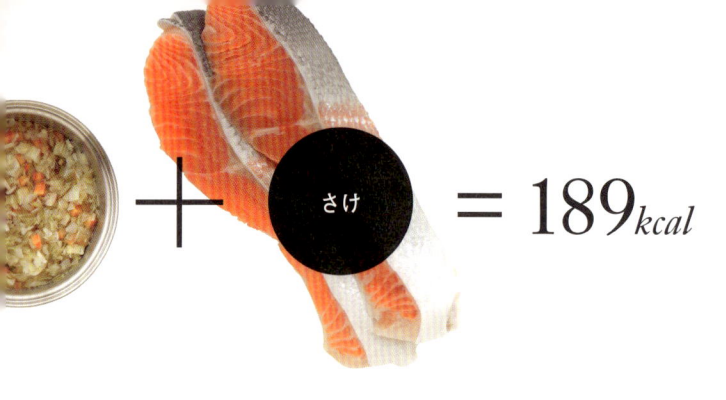

色素から健康をもらう

材料（1人分）
ベースの野菜スープ　1カップ
（P.94参照）

＋

さけ（生）——1切れ（80g）
みそ————小さじ1強（8g）
水—————1/2カップ
レモン———お好みで
コショウ——お好みで

作り方

1　さけはひと口大に切る。

2　鍋にベースの野菜スープと水を入れ、中火で加熱してひと煮立ちさせる。1のさけを鍋全体に広げて入れ、火を通す。

3　みそに少量のスープを加えて溶き、鍋に戻して味を調える。器に盛り、レモンを搾り、コショウをふる。

4 base+α soup

さけの色はアスタキサンチンという色素で、とても強い抗酸化作用のある、カロチノイド系のファイトケミカルです。さけ特有のにおいを和らげるためにみそで味つけし、レモンでビタミンCを強化しました。塩ざけを使うときには、塩分に気をつけましょう。

＋ ベーコン ＝ *143*kcal

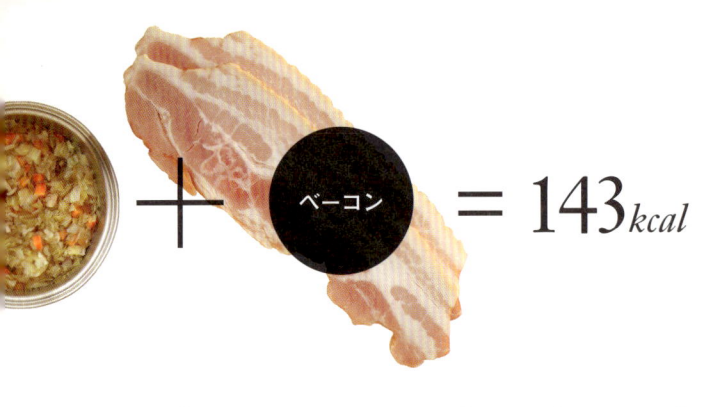

香りづけと調味に力を発揮

材料（1人分）
ベースの野菜スープ　1カップ
（P.94参照）

＋

ベーコン ——————— 1枚（15g）
トマトケチャップ —— 大さじ1
水 ————————————— 1/2カップ
コショウ ——————— お好みで

作り方

1　ベーコンは2cm角くらいに切る。

2　鍋にベースの野菜スープ、水、1のベーコンを入れ、中火で加熱してひと煮立ちさせる。味つけのトマトケチャップを加える。

3　鍋全体を混ぜ、コショウをふり、再度煮立たせる。

4 base+α soup

ベーコンは、塩漬け豚バラ肉の燻製加工品。豚肉と同様、ビタミンB12などの栄養をとれます。燻製の香りと塩気を生かし、トマトケチャップと組み合わせれば、味に奥行きのあるおいしいスープに大変身です。

＋ たら ＝ 126kcal

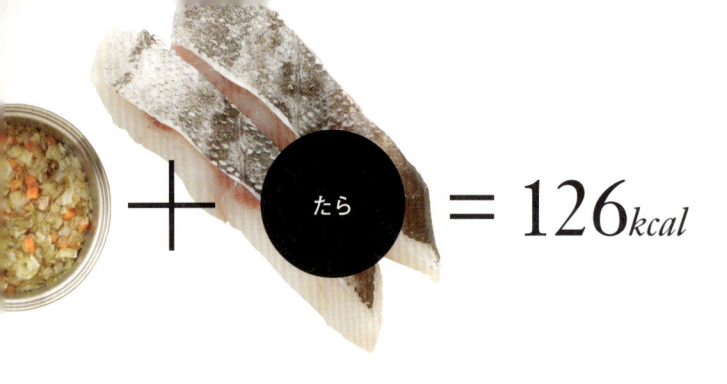

低脂肪・ローカロリーが特徴

材料（1人分）
ベースの野菜スープ　1カップ
（P.94参照）

＋

たら（生）——— 1切れ（80g）
塩 ——————— 小さじ1/6（1g）
コショウ ——— 少々
水 ——————— 1/2カップ
レモン ———— 1切れ

作り方

1　たらは、皮を下にしてひと口大に切る。

2　鍋にベースの野菜スープと水を入れ、中火で加熱してひと煮立ちさせる。1のたらを広げて入れ、火を通す。

3　塩とコショウで味を調える。器に盛り、レモンを添える。

4
base+α
soup

冬を代表する白身魚のたらは、低脂肪でローカロリー。消化がよいので、体調の悪いときなどに適しています。淡白な味は、ほかの素材ととても組み合わせやすい。ここでは、レモンの風味に仕上げました。

+ ● たこ・いか = 172 kcal

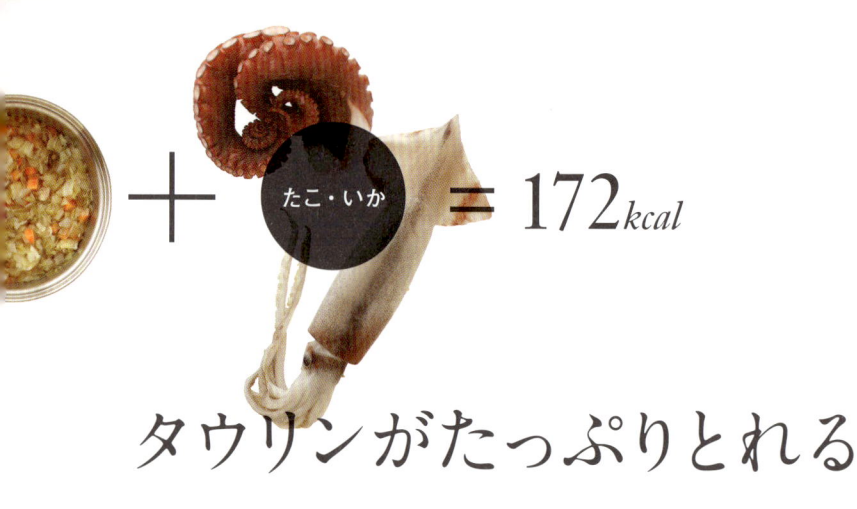

タウリンがたっぷりとれる

材料（1人分）
ベースの野菜スープ　1カップ
（P.94参照）

＋

たこ（ゆでたもの）—— 50g
いかゲソ（足）———— 1/2パイ（50g）
いかのワタ（肝臓）—— 1パイ分
塩 ————————— 小さじ1/6（1g）
水 ————————— 1/2カップ
コショウ ——————— 少々
万能ねぎ ——————— お好みで

作り方

1　いかは内臓を抜き、ゲソを長さ5cmほどに切る。たこはぶつ切りにする。

2　鍋にベースの野菜スープと水を入れて中火で加熱し、1のたこを加える。いかのワタを加えて溶き混ぜる。

3　煮立ってきたら、いかのゲソを加え、塩、コショウで味を調える。ゲソに火が通ったらでき上がり。器に盛り、万能ねぎを散らす。

4
base+α
soup

たこといかは、栄養成分に共通点が多く、特に、血管障害を防ぐといわれるタウリンは魚介類の中でも上位にあります。アミノ酸が多く、消化もよい。いかのワタ（肝臓）を用いてコクのある味つけにしました。

＋ ミックスビーンズ ＝ 176*kcal*

コレステロールを減らす

材料（1人分）
ベースの野菜スープ　1カップ
（P.94参照）

＋

大豆（水煮）———— 30g
ミックスビーンズ
　（水煮、市販品）—— 30g
塩 ——————— 小さじ1/6（1g）
コショウ ————— 少々
牛乳（低脂肪）——— 1/2カップ
粉チーズ ————— お好みで

作り方

1 　鍋にベースの野菜スープを入れ、大豆とミックスビーンズを加える。

2 　牛乳を加え、中火弱で熱くなるまで加熱する。

3 　塩、コショウで味を調える。器に盛り、食べるときに粉チーズをふりかける。

4
base+α
soup

大豆とミックスビーンズ（ひよこ豆、青えんどう、赤いんげん豆）は植物性タンパク質がたっぷり。そんな豆類と動物性タンパク質の牛乳をベースの野菜スープに加え、栄養満点のスープに仕立てました。粉チーズのうまみが、スープの味をより引き立てます。

ファイトケミカル とデザイナーズフード

　食べものと健康について関心のある方なら、きっとファイトケミカルということばを聞いたことがあると思います。これは、野菜が虫や病気などから自分を守るために自分自身の中に作り出す物質を指します。ちなみに、ファイトケミカルの「ファイト」とはギリシャ語で植物を指し、ファイトケミカルは化学を意味する英語の「ケミカル」と組み合わせた造語です。

　ファイトケミカルが注目されているのは、わたしたちの体にとって有用なことがわかったからです。現在、健康を保つために欠かせない成分であることから、第七の栄養素とも呼ばれて注目されています。

　ファイトケミカルは、人の体に入ると抗酸化作用を発揮して、活性酸素の攻撃から細胞を守ってくれます。そのため、ガン予防、動脈硬化、心筋梗塞(こうそく)、脳卒中などといった、生活習慣病の予防効果を期待されているのです。

　このファイトケミカルは、野菜、豆類、果物などに豊富に含まれていて、その数は約9000種類にも上るといい、これからもまだ新たにたくさん見つかるだろうといわれています。ファイトケミカルの中には、トマトに多いリコピン、大豆のイソフラボン、ワインのポリフェノール、胚芽米のギャバ、お茶のタンニンやカテキンなど、すでによく知られているものも多くあります。野菜などがもっている色や香りの成分を指し、アクの原因になる苦みも、ファイトケミカルの仲間です。

　ファイトケミカルは、色素や化合物の状態により分類されています。色素で分けると、

●カロテノイド群：オレンジ色・赤
　β-カロテン、リコピン、カプサンチン
●フラボノイド群：黄色
　アントシアニン、イソフラボン、カテキンなどがあります。

　ひとつの野菜や果物が、色や香りなどの複数のファイトケミカルを合わせもっているのも、ファイトケミカルの大きな特徴といってよいでしょう。

　ガンにかかるケースが多くなっていることから、最近よく聞くことばにデザイナーズフーズがあります。これは、1990年にアメリカの国立ガン研究所が中心になってまとめた、ガン予防に効く野菜や果物を図式化したものです。一番効果の高いにん

にくを頂点に、ピラミッド形になっています。植物の中に含まれている抑制作用のある成分を基準にして、ガンの予防ができるようにデザイン（＝設計）された植物です。35種類ほどの植物を取り上げていて、抗酸化作用や活性酸素を抑制する効果が確認されたものといわれています。

　これらのデザイナーズフードは、にんじんやトマトなどの緑黄色野菜をはじめとして、ファイトケミカルを多く含んでいる野菜や果物と一致していることがわかります。料理を作るときも、こうした有効な食材を意識して使い、ガンや高血圧などの生活習慣病を積極的に予防するように心がけましょう。

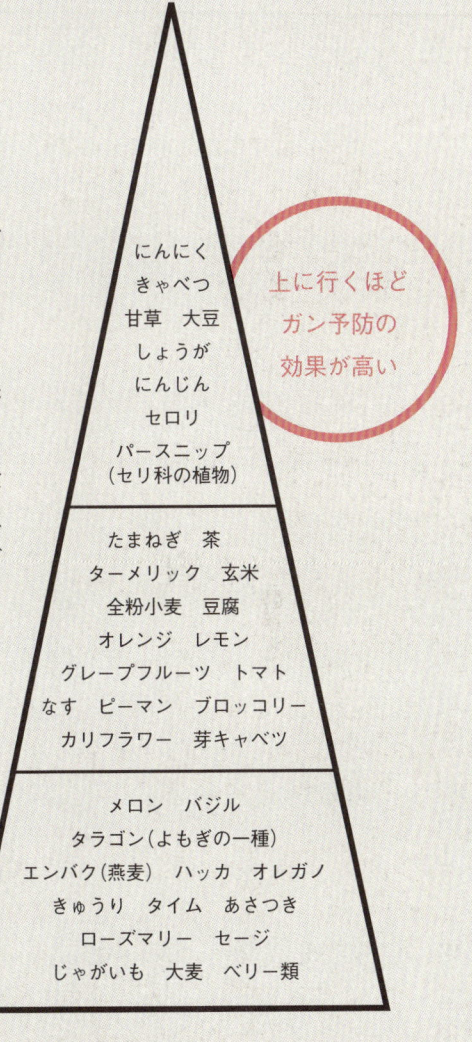

にんにく
きゃべつ
甘草　大豆
しょうが
にんじん
セロリ
パースニップ
（セリ科の植物）

たまねぎ　茶
ターメリック　玄米
全粉小麦　豆腐
オレンジ　レモン
グレープフルーツ　トマト
なす　ピーマン　ブロッコリー
カリフラワー　芽キャベツ

メロン　バジル
タラゴン（よもぎの一種）
エンバク（燕麦）　ハッカ　オレガノ
きゅうり　タイム　あさつき
ローズマリー　セージ
じゃがいも　大麦　ベリー類

上に行くほど
ガン予防の
効果が高い

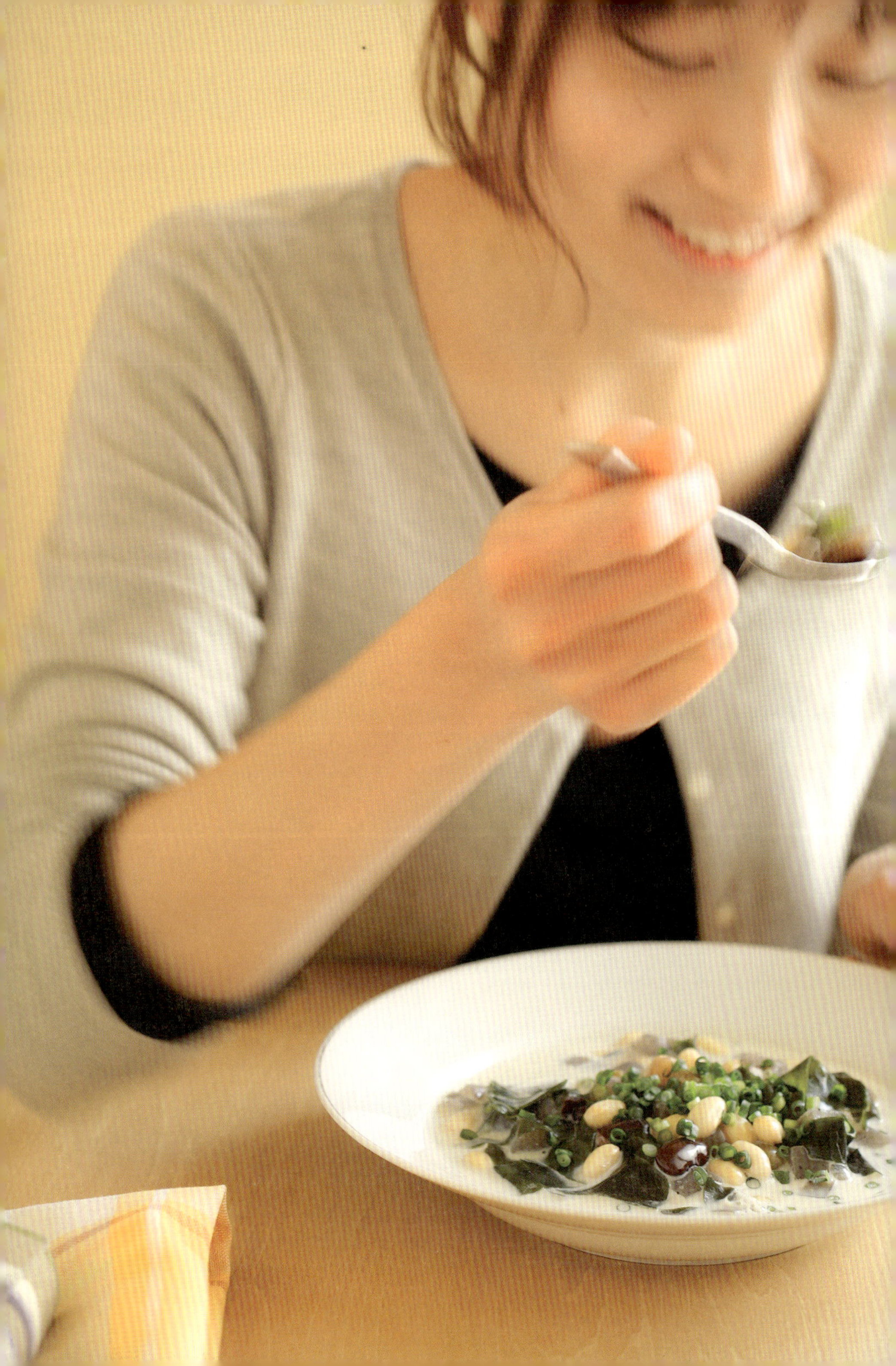

5 daily soup

カラダを変える
続けるスープ

体質を改善するには
毎日の積み重ねが欠かせません。
まずは続けること。そこが一番のポイント!
でも、献立をいろいろと考えるのはひと苦労です。
この章では、そんなあなたにお勧めしたい
それぞれの症状に合わせたスープをご紹介します。
このレシピを元にして作ったスープを飲み続ければ
よい効果を期待できると思います。
どのくらい改善できるのか、楽しみにしながら
一歩一歩着実に進んでいきましょう。

冷え性改善

しょうがとねぎのくず湯風スープ

85 kcal

　冷えは万病のもとといわれますが、いずれにしてもやっかいです。夜、体が冷えて寝つけなかったり、寝ている間に足が冷えて目が覚めたりするなど、体力的にも精神的にもとてもつらい。肩こりや便秘などにもつながります。

　原因は、慢性的に体の血行が悪くなることにあります。ですから、まずは血流をよくして、体を温めることがたいせつです。

　体を温かくする野菜として、にんにくやにんじんなどがありますが、最近にわかに注目を集めているのがしょうが。食べている間にも発汗してくるのがわかるほど、即効性が高い。辛み成分（ジンゲロール）や香り成分（ジンギベレン）には、殺菌効果や抗アレルギー作用もあります。炒めものの香味野菜や刺し身の薬味など用途が広く、手軽に使えます。

　ここでは、同様に保温効果のあるねぎといっしょに、より効果的に体が温まるように、とろみのあるくず湯仕立てにしました。甘みには、滋養効果のあるはちみつを使いました。

材料（1人分）
しょうが（すりおろす）― 1かけ（5g）
ねぎ（みじん切り）──── 5g
はちみつ ──────── 大さじ1
水溶き片栗粉 ────── 大さじ2
（片栗粉と水を同量合わせたもの）
水 ────────── 1カップ

作り方
1 鍋に水を入れてひと煮立ちさせたのち、しょうが、ねぎ、はちみつを加える。
2 水溶き片栗粉を加え、全体を手早くかき混ぜてとろみをつける。

便秘解消

豆とわかめの豆乳スープ

243 kcal

　昔から快食快眠とよくいわれますが、もうひとつ快便も、日々快適に過ごすのにたいせつなこと。便秘になると、何となくすっきりしないだけでなく、実は健康上とてもよくないのです。吹き出ものや肌荒れ、さらには高脂血症や動脈硬化などの、重い病気につながりかねません。

　便秘は、体の冷えが原因で、大腸をはじめとする内臓機能が低下するためにおこる、といわれています。

　毎日、水溶性の食物繊維をとることが改善につながります。食物繊維が水分を吸収すると便がやわらかく、排泄しやすくなります。同時に、オリゴ糖などをとって腸内の善玉菌を常に多く保ち、よい環境にしておくこともたいせつです。

　豆類、こんにゃく、わかめは、いずれも水溶性の食物繊維が豊富。大豆はオリゴ糖が多く、大腸の改善もできます。加えて、こんにゃくとわかめは低カロリーなので、このスープはダイエットをしたい方にもお勧めです。

材料（作りやすい分量）
大豆（水煮） ──── 50g
ミックスビーンズ
　（水煮） ──── 50g
こんにゃく ──── 1/3丁（80g）
わかめ（乾燥） ──── 大さじ1（2g）
塩 ──── 小さじ1/3（2g）
コショウ ──── お好みで
豆乳（無調整） ──── 1カップ
水 ──── 1と1/2カップ
万能ねぎ（小口切り）── お好みで

作り方
1　こんにゃくは塩（大さじ1、分量外）を表面にまぶしてよくもみ、水分とくさみを抜く。1cm角ほどに切る。
2　鍋に調味料以外の材料を入れ、中火弱で加熱し、ひと煮立ちしたら、塩、コショウで味を調える。お好みで万能ねぎをふる。

美肌を保つ
ビタミンスープ
241 kcal

　年とともに進むお肌の衰えは、避けられません。しかし、その速度を遅くすることはできます。それには、栄養を管理した規則正しい食事が不可欠です。

　肌のくすみ、シワ、たるみは、肌そのものの乾燥などが原因の場合もあれば、血行不良などによる新陳代謝の低下が原因の場合もあります。後者の場合、ビタミン類や食物繊維をとることにより、改善できます。

　美肌を保つ栄養成分として、
- β-カロテン ── ビタミンAに変わる
- ビタミンC ── 老化防止
- ビタミンE ── 若返り
- ビタミンB_2・B_6 ── 皮膚の粘膜を保護
- 食物繊維 - 腸の環境を整えてデトックス

などが挙げられます。

　鶏肉は牛や豚に比べてビタミンAのレチノールが多く、トマトはβ-カロテンやリコピンが豊富。ブロッコリーはレモンの倍のビタミンCがあり、くるみはビタミンB_1やビタミンEがあり、必須脂肪酸も豊富です。

5 daily soup

材料（1人分）
鶏胸肉（1cm角に切る）— 50g
トマト（1cm角に切る）— 1/2個（100g）
ブロッコリー（薄切り）— 100g
くるみ（皮つき）——— 20g
（軽く煎ったもの）
塩 ————————— 小さじ1/3（2g）
コショウ ——————— 少々
水 ————————— 1と1/2カップ

作り方
1 鍋に水を入れてひと煮立ちさせ、鶏胸肉とトマトを加えて中火で加熱する。
2 ブロッコリーを加えてさらに加熱し、火が通ったら、塩、コショウで味を調え、くるみを入れ、器に盛る。

血液をサラサラに保つ

炒め玉ねぎと皮の煎じスープ

43 kcal

　血液は血管を通って、栄養を体全体に運んでくれます。しかし、栄養が偏ったりすると、血液にもその影響が現れ、人体にとって害になる物質、たとえば過剰な糖質やコレステロールも血液に混じって流れてしまいます。きれいな血液はサラサラでよく流れますが、濃くてドロドロとしているとよく流れません。そのため、スムーズに流れず、血行障害などを起こしがちです。

　玉ねぎは、にんにくやねぎと同様、血液をサラサラにする成分である含硫化合物（がんりゅうかごうぶつ）を多く含んでいます。これは、ねぎ特有のにおいや辛さのもとです。その含硫化合物の一種である硫化アリルには、コレステロールの濃度や血糖値を下げる作用や、血栓予防などの効果があります。

　玉ねぎは、白い部分だけでなく、茶色い外皮にも、硫化アリルや抗酸化作用のあるケルセチンなどの成分がとても多い。そこで、このスープは外皮を煮出して作った汁をベースにして、それを炒めた玉ねぎと合わせ、血液をサラサラにする効果をより高めました。

＊玉ねぎの外皮を使う場合は、低農薬栽培もしくは有機栽培による玉ねぎを使ってください。

5 daily soup

材料（1人分）
玉ねぎ（薄切り）— 1/2個（100g）
しじみ
　（洗ったもの）— 50g
塩 ———————— 小さじ1/3弱（1.5g）
コショウ ————— 少々
玉ねぎの皮の煮汁
　———————— 1と1/2カップ

*玉ねぎの皮の煮汁
鍋に玉ねぎの皮2個分と水500mlを入れ、いったん沸騰させたのち、弱火で5分ほど煮出します。一度こしてから使います。

作り方
1　鍋に玉ねぎを入れ、フタをして弱火で蒸し煮にし、透明になるまで火を通す。
2　しじみと玉ねぎの皮の煮汁を加え、フタをして中火で加熱する。しじみの殻が開いたら、塩、コショウで味を調える。

○ 老化防止

アンチエイジングに効くお茶スープ

195 kcal

　常に若さを保っていたいと望んでも、不老長寿の薬でもない限り、老化を止めることはできません。しかし、老化の進行を抑えることは、日々の食の改善などにより可能です。
　老化というのは、一種の酸化作用です。この酸化を防止するには、抗酸化作用のはたらきを強め、免疫力をつけることがたいせつ。それが、老化予防（アンチエイジング）につながります。
　抗酸化作用の高い栄養素としてよく知られているのは、A・C・Eの3種のビタミンと各種のファイトケミカル。アーモンドやオリーブ油に含まれるオレイン酸も、アンチエイジングの効果を期待できます。
　このスープは、老化防止に欠かせないビタミンCとポリフェノールが豊富な煎茶を煮出して、水分として用いています。そこに、β-カロテンを非常に多く含み、ビタミン類も豊富なほうれん草をたっぷりと加えてスープに仕立て、アーモンドパウダーとオリーブ油を合わせて相乗効果が得られるようにしました。

材料（1人分）
煎茶の茶葉 ――――― 大さじ1
ほうれん草
　（みじん切り）――― 100g
アーモンドパウダー ― 20g
オリーブ油 ―――――― 大さじ1/2（6g）
塩 ――――――――― 小さじ1/3（2g）
水 ――――――――― 1と1/2カップ

作り方
1　鍋に水と茶葉を入れて弱火で煮出し、茶葉を取り出す。
2　1の熱いお茶の中に、アーモンドパウダーを加えて軽く混ぜる。
3　ほうれん草を加えて火を通し、塩で味を調え、最後にオリーブ油を加える。器に盛り、さらにお好みでアーモンドパウダー（分量外）を加えてもよい。

◯ デトックス

緑黄色野菜入りアボカドスープ

195 kcal

　体には、知らない間に毒素や老廃物が蓄積されています。ストレスや偏食など、その原因はさまざま。溜まった毒素や老廃物をそのままにすると、肌荒れや健康を害する原因になります。それを避けるために、毒素を体から排出するデトックスが必要なのです。

　毒素や老廃物は、便や尿といっしょに排泄されます。便秘がいけないのは、そうした毒素が体内に溜まってしまい、細菌を繁殖させるなどして体に悪影響をあたえるからです。

　玉ねぎなどに含まれる微量ミネラルのケルセチンは肝臓の脂肪代謝をよくし、抗酸化作用もあります。玉ねぎとニンニクに含まれる含硫化合物には殺菌作用があります。アボカドは食物繊維が多く、肝機能の強化を期待できます。にんじんには抗酸化作用のあるβ-カロテンが豊富。大葉からはβ-カロテン、ビタミン類、ミネラルがとれ、香り成分のペリルアルデヒド（シソアルデヒド）の殺菌力は、アレルギー体質の改善などに利用できます。

材料（1人分）
- にんじん（細切り）——— 1/4本（50g）
- 玉ねぎ（薄切り）——— 1/2個（100g）
- にんにく（半分に切る）— 1片（5g）
- サラダ油 ——— 小さじ1（4g）
- アボカド（ざく切り）——— 1/2個（50g）
- 塩 ——— 小さじ1/3（2g）
- 水 ——— 1と1/2カップ
- 大葉（1cm角に切る）— 3枚

作り方
1. 鍋にサラダ油を入れ、にんじん、玉ねぎ、にんにくを加え、弱火でよく炒める。
2. 野菜が透明になったら、アボカドと水を加える。全体を混ぜながら火を通し、塩で味を調える。
3. 器に盛り、大葉を散らす。

骨粗しょう症予防

カルシウムたっぷり牛乳スープ

165 kcal

　骨粗しょう症は、男性よりも女性がかかる率の高い病気です。特に、閉経後の初期にかかるケースが多いといわれています。

　カルシウムなどのミネラル分の不足が原因で、骨がもろくなってしまいます。ですから、カルシウムの多い食事をすることがたいせつです。無理なダイエットは、体内に蓄積されたカルシウムを減らしてしまうおそれがあるので、注意しなければなりません。また、市販のインスタント食品や加工食品には、リンの含有量の多いものがあります。カルシウムの吸収を妨げる作用があるため、とりすぎないように注意しましょう。

　牛乳はカルシウムが豊富で、必須アミノ酸もとてもよいバランスでとれます。乳糖は、カルシウムの吸収を助けるはたらきがあり、腸内の善玉菌も活性化します。ほうれん草は、野菜の中ではカルシウムが多い。かつお節は良質のタンパク質であり、カルシウムも効率よくとれます。

daily soup 5

材料（1人分）
ほうれん草
　（ざく切り）──── 100g
牛乳（低脂肪）──── 1と1/2カップ
かつお節 ──────── 2g
塩 ──────────── 小さじ1/3（2g）

作り方
1 鍋にほうれん草を入れ、フタをして弱火で1分間ほど蒸し煮にする。
2 ほうれん草に火が通ったら、牛乳とかつお節を加えて中火弱でひと煮立ちさせ、塩で味を調える。

貧血改善

鉄分をしっかりとる和風スープ

78 kcal

　人間の体にとって、栄養分の鉄はいわば赤血球のもとといってよいでしょう。その鉄分が欠乏すると、めまいなどの貧血状態を引き起こします。一日に男性は10mg、女性は12mg、さらに妊娠中には15〜20mgが必要です。微量ですが、欠かさずにとらなければいけないミネラルです。

　鉄分は、肉、魚介、野菜、海藻など、ほとんどの食材に含まれています。種類が2つあり、肉と魚介に含まれる鉄分はヘム鉄といって溶けやすくて吸収されやすい、野菜や海藻に含まれる鉄分は非ヘム鉄といって溶けにくく吸収されにくい、というように、性質が異なります。そのため、野菜で鉄分を吸収するには、ビタミンCや消化酵素が必要です。また、赤血球の主成分であるタンパク質をとることも、貧血改善には重要ですので、タンパク質とビタミンCを鉄分といっしょにとるようにしましょう。

　このスープでは、あさりで良質なタンパク質と鉄分がとれます。ひじきと小松菜は鉄分が多く、小松菜にはビタミンCも多い。鉄分の多いごまは、よく吸収できるようにすりごまにしてふりかけました。

5 daily soup

材料（1人分）
あさり ──────── 100g
ひじき（乾燥）────── 5g
小松菜（ざく切り）─── 100g
しょうゆ ─────── 小さじ2（12g）
水 ────────── 1と1/2カップ
白ごま（すったもの）─ 大さじ1

作り方
1. あさりは水の中でこすり洗いをし、ひじきは水でざっと洗う。
2. 鍋に水を入れ、小松菜、1のあさりとひじきを加え、フタをして中火で加熱する。
3. あさりの殻が開いたら、しょうゆで味を調える。器に盛り、すりごまをふる。

のどを強くする

根菜のすり流しスープ

163 kcal

　ちょっと体調を崩すと、すぐにのどがはれて炎症をおこすなどの、のどのトラブルはとてもつらい。水分を補ってのどの乾燥を防いだり、汗をかいたりするのも有効な対処法。

　のどが弱い体質の人は、常にビタミン類、ミネラル、ファイトケミカルを含む野菜をとり、炎症などがおこりにくい体質にすることがたいせつです。特に、炎症をしずめてくれるビタミンＡとＣは、コンスタントにとるようにしましょう。

　れんこんの渋み成分であるタンニンは、のどのはれやせきをしずめるのに有効です。ねばねばのムチンには、粘膜を保護するはたらきが。また、にんじんはビタミンＡに変わるβ-カロテンを、野菜の中でも飛び抜けて多く含んでいます。

　このレシピでは、栄養をよく吸収できるように、れんこんとにんじんをすりおろして使いました。のどの痛みなどを和らげる効果のあるはちみつで、少し甘く仕上げてあります。

5 daily soup

材料（1人分）
- れんこん（皮つき）— 100g
- にんじん（皮つき）— 50g
- しょうゆ — 小さじ2（12g）
- はちみつ — 大さじ1/2
- 水 — 1と1/2カップ
- ごま油 — 小さじ1（4g）

作り方
1. れんこんとにんじんはすりおろす。
2. 鍋に水を入れ、1のれんこんとにんじんを加えてひと煮立ちさせる。
3. しょうゆ、はちみつを加えて味を調え、最後にごま油をたらす。

糖尿病予防

じゃがいものスープ

185 kcal

　インスリンは、すい臓から分泌されるホルモンのひとつで、血液中のブドウ糖をエネルギーに変えるはたらきがあります。ところが、インスリンが分泌されなくなったり、不足したりして十分にはたらかなくなったりすると、ブドウ糖がそのまま血液の中にとどまってしまいます。この状態が糖尿病です。細菌が血糖をエサにして増殖すると、膀胱炎やすい炎などにかかりやすくなります。さらには脳卒中、尿毒症、神経障害などの合併症につながる危険性が高いのです。

　糖尿病を予防する方法は2つ。体を温めて血糖を燃焼させることと、過剰な血糖を吸収しないように食物繊維をとって排泄してしまうことです。とにもかくにも栄養のバランスをとることがたいせつです。

　じゃがいもには、糖質を分解するはたらきがあり、含んでいるタンパク質のポテトプロテインは腹もちをよくします。きくらげ、もやしは食物繊維を多く含みます。酢には、糖質の吸収を遅くし、血糖の上昇を抑える作用があります。卵のレシチンには、血管をきれいにする効果が期待できます。

材料（1人分）

じゃがいも（皮つき、薄切り）	100g
きくらげ（乾燥）	5g
もやし	100g
卵	1個
塩	小さじ1/3（2g）
酢	大さじ1
水	1と1/2カップ
コショウ	お好みで

作り方

1 きくらげはぬるま湯につけて戻し、石づきを切り取る。

2 鍋に水を入れ、1のきくらげとじゃがいもを加えて中火で加熱する。じゃがいもがやわらかくなったら、もやしを加えてさらに煮る。

3 酢を加えたのち、卵を割り入れ、フタをして卵を好みの固さに加熱。塩で味を調え、器に盛り、コショウをふる。

＊卵は酢を加えた中で加熱すると、散らずにまとまって固まります。

高コレステロール予防

血液をきれいにするみそスープ

285 kcal

　脂肪には、コレステロールと中性脂肪があり、コレステロール値が高い場合を高コレステロール血症といいます。高コレステロール血症とよく似た病名に高脂血症がありますが、高脂血症は脂質異常症ともいい、血液中の脂肪量が基準以上に増えてしまう病気です。どちらも、脂肪のとりすぎが原因でかかることが多い病気です。

　食事で予防するには、栄養バランスがよく、ビタミン、ミネラル、食物繊維をしっかりととること。高コレステロールの人は、コレステロールを多く含む肉などを控えましょう。中性脂肪が高い人は、糖質や酒の量を減らすことです。

　厚揚げは大豆と同様、コレステロールを含まず、血液中のコレステロールを低下させる作用があるといわれています。納豆のナットウキナーゼは血栓を溶かす酵素として注目されています。オクラはペクチンに整腸作用があり、ガラクタンがタンパク質の消化吸収を助けます。ししとうがらしには脂肪燃焼効果があります。

5 daily soup

材料（1人分）
厚揚げ ———— 100g
オクラ ———— 3本（30g）
ししとうがらし —— 3本（15g）
わかめ（乾燥）—— 2g
納豆 ————— 1パック（40g）
みそ ————— 小さじ2
サラダ油 ———— 小さじ1/2
水 —————— 1と1/2カップ

作り方
1 厚揚げは熱湯の中で2〜3分間ゆでて油抜きし、半分に切って小口から厚さ5mmの薄切りにする。オクラは塩ずりをして薄い輪切りにし、ししとうがらしも輪切りにする。
2 鍋に水を入れ、厚揚げを加えて中火で加熱し、ひと煮立ちしたら、みそを溶く。
3 オクラ、ししとうがらし、わかめを入れ、再度煮立ったら、弱火にして納豆を加えて温める。サラダ油を加え、器に盛る。

高血圧抑制

長いもときのこのスープ

90 kcal

　高血圧の原因は、塩分のとりすぎをはじめ、いろいろ。塩分は血管の筋肉を収縮させ、血液の通りを悪くさせます。その結果、血圧が上昇してしまいます。高血圧がこわいのは、脳卒中や心筋梗塞（こうそく）などにつながるから。塩分の一日の摂取量は6gと、思いのほか少量です。水分のとりすぎも体が冷え、高血圧に結びつくので要注意です。

　血液の巡りをよくすることが、血圧を下げることにつながります。血圧を下げる作用のある野菜や、余分な塩分を体から出してしまうカリウムをたくさん含んでいる野菜をとりましょう。

　長いもはカリウムを多く含み、利尿作用があります。しいたけやしめじなどのきのこには血圧を下げる作用が、酢には血圧降下作用があります。しょうがは体を温め、脂肪を燃焼させるのに適しています。

　このスープには、塩やしょうゆなどの調味料を使っていません。きのこのうまみ成分と酢だけで、十分おいしく食べられます。

材料（1人分）
長いも（皮つき、薄切り）— 100g
しいたけ
　（石づきを取り、薄切り）- 50g
しめじ（石づきを取る）— 50g
酢 ———————— 大さじ1
水 ———————— 1と1/2カップ
しょうが（すりおろす）— 1かけ（10g）

作り方
1　鍋に水を入れ、長いも、しいたけ、しめじを加えて中火で加熱する。
2　長いもがやわらかくなったら酢を加え、ひと煮立ちさせて器に盛る。しょうがをたっぷり添える。

更年期障害改善

血行をよくする豆のスープ

154 kcal

　更年期というのは、女性が閉経に至る時期を指します。このころはホルモンのバランスが悪くなり、同時に下半身が冷えやすい体質に変化します。それが原因で、動悸(どうき)、めまい、のぼせ、さらには腰痛、頭痛などの症状が出ることもあります。こうした症状を改善するには、体を温めて血行をよくし、安定した精神状態を保つことがたいせつです。

　にんじんは、免疫力を高め、体を温めます。えのきたけはミネラル類がたくさんあり、しめじとともに食物繊維が多く、便秘の予防に効果的。玉ねぎは体を温め、成分の硫化アリルは新陳代謝を活発にします。

　大豆と豆乳は、栄養のバランスがよく、造血を助ける葉酸も多い。大豆サポニンには、血液中のコレステロール値を下げるはたらきを期待できます。胚芽に多く含まれているイソフラボンには、女性ホルモンを補うはたらきがあります。大豆の水煮は、一日水に浸しておけば水から火にかけて15〜20分間ほどで作れます。残ったゆで汁には、大豆の成分がたくさん溶け出しています。そこで、効果をより高めるために、ゆで汁をスープの水分として使っています。

5 daily soup

材料（1人分）
にんじん（細切り）—— 30g
玉ねぎ（薄切り）—— 20g
えのきたけ
　（幅1cmに切る）—— 50g
しめじ
　（石づきを切る）—— 50g
大豆（水煮）—— 50g
塩 ———— 小さじ1/3（2g）
コショウ ———— お好みで
豆乳（無調整）—— 1/2カップ
大豆のゆで汁 ———— 1カップ
　（ゆで汁がない場合は水）

作り方
1　鍋に大豆のゆで汁を入れ、にんじんを加えて中火で加熱する。玉ねぎ、えのきたけ、しめじ、大豆を加えて火を通す。
2　豆乳を加えて弱火で加熱する。温まったら、塩で味を調える。器に盛り、コショウをふる。

REGISTERED TRADE MARK
S&B
PREPARED BY
S&B SHOKUHIN CO.,LTD.
TOKYO JAPAN
GABAN
BLACK PEPPER

スープの味を
バラエティ豊かにする調味料

スープも、ほかの料理と同様、同じ味が続いては飽きてしまい、長続きしません。味にちょっと変化をもたせたいときに重宝するのが、コショウや和風スパイスの七味とうがらし、柚子こしょうなど。ほんの少し添えるだけで、味に変化をつけることができます。香りの高いオリーブ油やごま油などの油類、酸味のある酢なども効果的です。味に変化をもたせられるだけでなく、免疫力を高めたり、血圧を下げたりするなどの効果も合わせて得られます。いろいろとチャレンジして、オリジナルの味を作り出してはいかがでしょう。

・カレー粉
・オリーブ油
・スパイス：タイム・コショウ・ドライパセリなど
・薬味：柚子こしょう・七味とうがらし・粉ざんしょうなど
・ごま油
・わさび
・酢

酢と黒酢
殺菌力・胃液の
分泌促進

スープに加えて効果をアップさせる

スープを作るときに、さらに体によい効果をもたらせてくれる素材を加えて、味わってもよいでしょう。この本では、煎じた玉ねぎの外皮やお茶、大豆の煮汁を活用しています。ほかにも、増量、香りづけ、とろみ、うまみなどの効力を簡単につけることができる材料がたくさんあります。

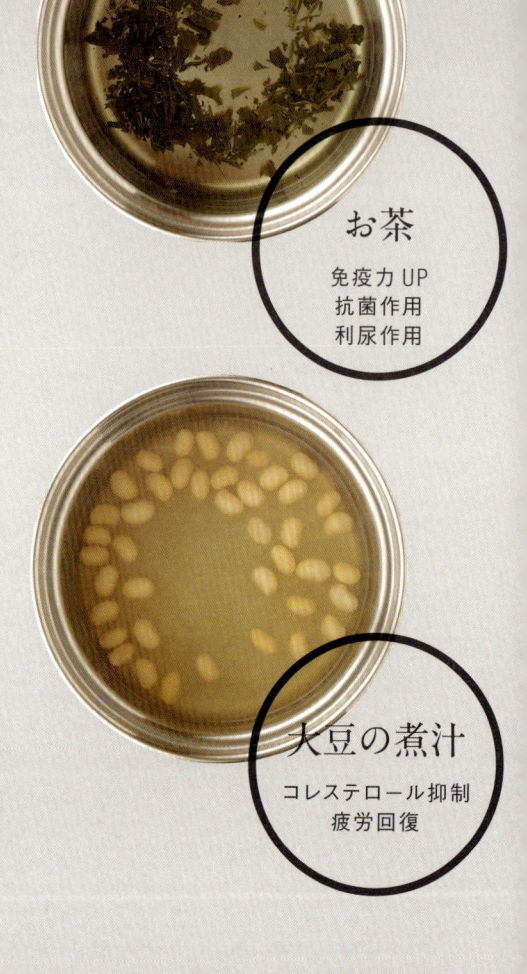

お茶
免疫力 UP
抗菌作用
利尿作用

大豆の煮汁
コレステロール抑制
疲労回復

玉ねぎの皮
抗酸化作用
血圧降下作用
疲労回復

こんにゃくやじゃがいもなどの素材は、スープに新たに加えても肥満につながりにくいので、増量したいときに使うとよいでしょう。

こんにゃく
ローカロリー
肥満解消

じゃがいも
肥満防止
利尿作用
高血圧予防

にんにく、納豆、はちみつなどは、はじめに加えて加熱してもかまいませんし、最後に加えてもそれぞれの効能をスープに取り入れられます。

にんにく
疲労回復
滋養強壮
抗酸化作用

納豆
動脈硬化予防
コレステロール抑制

はちみつ
各種ミネラル補強
殺菌作用
消炎作用

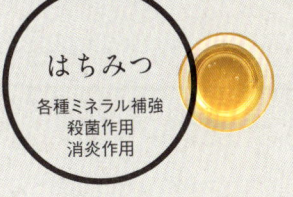

くず粉や片栗粉は水溶きの状態にして加えて加熱すると、なめらかなとろみづけができます。のどごしがよくなるので高齢者の方たちにも食べやすくなります。とろみがつくと、冷めにくくなるので体が温まり、寒いときなどにはとても有効です。

くず粉・片栗粉
なめらかな
とろみをつける

でき上がったスープを器に盛ってからふりかけるとよいものにコショウなどのスパイス類がありますが、くるみ、アーモンド、刻んだ大葉、かつお節、すりごまなどもお勧めです。体によいだけでなく、香り、歯ざわり、うまみなどを生かすことができます。

くるみ・アーモンド
老化防止
疲労回復

大葉
殺菌作用
消炎作用
免疫力UP

かつお節
うまみを増す

すりごま
老化防止
高血圧予防
保温作用

素材別索引

野菜・きのこ・果物

アボカド	137
えのきたけ	64、151
大葉	137
オクラ	80、147
カリフラワー	70
キャベツ	33、62、88、94〜120
きゅうり	78
小松菜	35、141
里いも	70
しいたけ	149
ししとうがらし	74、147
しめじ	37、62、92、94〜120、149、151
じゃがいも	39、76、145
しょうが	20、26、62、74、127、149
スイカ	78
ズッキーニ	80
セロリ	33、53
大根	41
大豆（水煮含む）	43、55、76、120、129、151
玉ねぎ	49、55、62、66、68、90、94〜120、133、137、151
とうもろこし	53、55
トマト（水煮含む）	37、78、102、108、131
長いも	22、149
なす	74
にら	20
にんじん	35、49、55、86、94〜120、137、143、151
にんにく	137
ねぎ	20、26、45、60、68、127
バナナ	76
パプリカ	35、74
万能ねぎ	64、118、129

ピーマン	80
ブロッコリー	47、66、72、131
ほうれん草	43、72、135、139
まいたけ	55、62
水菜	33
ミックスビーンズ	120、129
ミックスベジタブル	51
もやし	145
レモン	78、112、116
れんこん	72、143

肉・乳製品・卵

牛ひき肉	100
鶏ささ身	104
鶏手羽肉	98
鶏胸肉	74、131
豚こま切れ肉	53、68
豚ロース肉	102
牛乳	35、43、47、66、76、120、139
粉チーズ	45、120
ヨーグルト	62
卵	18、37、45、110、145

魚介

あさり	106、141
いか	118
えび	66、106
さけ（塩ざけ含む）	47、112
しじみ	41、133

たこ	118
たら	116
ほたて貝柱	66

加工品・乾物・その他

アーモンドパウダー	135
青のり	24
厚揚げ	147
糸こんにゃく	64
梅干し	18、33
おから	47、60
片栗粉	37、60、110、127
かつお節	64、139
きくらげ	145
キムチ	62
切り干し大根	60
くるみ	131
ごはん	43、47
ごま（白ごま含む）	26、141
こんにゃく	129
昆布（とろろ昆布、刻み昆布含む）	24、72
桜えび	22
じゃこ	18
食パン	45
煎茶	135
ソーセージ	49、51
豆乳	39、70、129、151
豆腐	51、108
納豆	22、147
はちみつ	127、143
ハム	20、45

ビーフン	53
ひじき	60、141
ベーコン	43、114
マカロニ	49
焼きのり	20
わかめ（乾燥）	24、129、147

調味料・香辛料

オリーブ油	72、135
カレー粉	64、68、74
カレールー	51
コショウ	35、37、39、43、45、47、53、55、66、70、76、95、106、112、114、116、118、120、129、131、133、145、151
粉ざんしょう	110
ごま油	143
酒	108
サラダ油	137、147
塩	18、22、33、35、37、39、43、45、47、49、53、55、64、66、68、70、74、76、78、95、98、102、104、110、116、118、120、129、131、133、135、137、139、145、151
七味とうがらし	60
しょうゆ	20、24、72、100、108、141、143
酢	110、145、149
スイートチリソース	53、78、106
トマトケチャップ	114
マスタード（粒マスタード含む）	49、102
みそ	26、41、60、112、147
麺つゆの素	80
柚子こしょう	100
わさび	104

浜内千波　はまうちちなみ

プロフィール

徳島県生まれ。1980年、「ファミリークッキングスクール」を東京・中野坂上に開校。2005年に東中野にキッチンスタジオを開設。06年、キッチングッズ「Chinami」のブランドを立ち上げる。健康を第一に考えた料理を軸にしたライフスタイルを提案し、幅広い女性層から支持される。TV、雑誌、書籍、講演などで活躍。また、食品メーカーなどの商品開発も多数手がける。
『浜内千波の21時からの遅ごはん』(保健同人社)、『1日6食ダイエット』(マガジンハウス)、『フタさえあれば！すごくおいしい フライパンで簡単蒸し料理』『体を強くする サラダジュース』(日本文芸社)など多数の著書がある。

浜内千波のホームページ
http://www.fcs-g.co.jp/

ファミリークッキングスクール
　田村つぼみ／高橋知奈未

アートディレクション・デザイン　桐林周布
撮影　矢野宗利
文・編集　藤生久夫

朝に効くスープ　夜に効くスープ

2011年5月31日　第1刷発行
2016年1月1日　第21刷発行

著　者　浜内千波
発行者　中村　誠
印刷所　図書印刷株式会社
製本所　図書印刷株式会社
発行所　株式会社 日本文芸社
〒101-8407　東京都千代田区神田神保町1-7
TEL 03-3294-8931（営業）03-3294-8920（編集）
Printed in Japan　112110520-112151215 Ⓝ 21
ISBN978-4-537-20901-3
URL http://www.nihonbungeisha.co.jp/
©Chinami Hamauchi　2011
編集担当　吉村

乱丁・落丁本などの不良品がありましたら、小社製作部宛にお送りください。送料小社負担にておとりかえいたします。法律で認められた場合を除いて、本書からの複写・転載（電子化を含む）は禁じられています。また、代行業者等の第三者による電子データ化及び電子書籍化は、いかなる場合も認められていません。